U0060476

# ANALISIS DE LA COYUNTURA ECOPOLITICA DE AMERICA LATINA Y SU NEXO CON EL DESENVOLVIMIENTO DE TAIWAN HACIA EXTERIOR

# 台灣發展與對外連結

## 拉丁美洲政經情勢解析

黃任佑博士撰編

Editor y redactor:
Dr. Gregorio Ren Yow Huang

# 孟昭昶序：憂國憂民走天下——立德、立功、立言、傳大愛

任佑兄是 43 年前個人就讀淡江大學歐研所的同班同學與好友，也是我結婚時的男儐相。和善、陽光而務實是我對他的最初印象。與他在歐研所研讀兩年相處期間留給我的深刻印象是：任佑兄除了具有令人讚佩的西語能力外，更是位積極、努力學習，爲人處事正直、誠信的人；於私待人誠懇、熱心助人，於公勇於任事、行動能力超強，於家事母至孝。歐研所畢業後，我們各自追逐人生理想；任佑兄進入經濟部國貿局任職服務，再相見時已是三十年後，那時任佑兄已返國服務，個人邀請他到我的「德國外交」課程中，就其駐外期間推動的外貿實務進行演講。從他的演講內容我發現，任佑兄的爲人處事一路走來，始終如一。

任佑兄是位坐而思、起而行的實踐家。進入國貿局服務後，因其優異的西語能力，曾派駐西班牙以及拉丁美洲五國工作近 20 年之久，對於駐在國與臺灣之間的經貿、文化交流貢獻良多。自從進入職場以來，退休前後被委任的職務超過 60 項，說明任佑兄的任職單位以及各界對其優異能力與忠勤任事態度的信任與器重，他也因優異的表現獲得許多的獎章與榮譽。

任佑兄在豐富而精采的工作經歷中，一直秉持熱心與戮力以赴的處事態度，服務對象跨越國家、地區、族群與宗教，可謂德行天下，服務衆生。任佑兄生活並非富有優渥，然除了日常樂善好施外，並以其父母名義，於其曾就讀之長榮中學及淡江西班牙語系捐助獎學金；飲水思源、感恩圖報、提攜後進之情不言而喻。

愛鄉爲民的任佑兄自大學起即積極投稿，表達對國際情勢、國家、社會發展之觀察與想法。自公職退休後，發表研究著述達 30 篇，論述他對拉丁美洲貿易、投資與企業經營環境之觀點，以及闡述對開發中國家產業規劃與經濟發展策略相關豐富的實戰經驗。此外任佑兄也應聘爲淡江大學拉美所兼任助理教授，而演講邀約更持續不斷，包括國內外工商團體、政府機構、非政府組織、各大學、電視、電臺，以及報紙期刊邀請演講不計其數。

「行到水窮處，坐看雲起時」是多數人退休生活的寫照，任佑兄卻退而不休，依然秉持愛鄉爲民的初衷，繼續實踐爲國、爲衆生服務的一生志業，自費將過去發表的文章集結成書，透過書中各篇論述，可見他從歷史脈絡與實務經驗出發，爲臺灣在詭譎的國際局勢變化中之經濟發展、對外經貿連結尋找出路的用心，字裡行間都可感受他對臺灣深切的關愛。任佑兄的治身、治學與治世可謂集立德、立功、立言三功德於一身，令人深感敬佩外，也是衆人學習的表率，希望社會各界在分享他的研究成果時，也

能經由任佑兄的啟發，一起無私的爲臺灣美好的明天而努力。

（高科大退休教授，曾任東吳大學德文系主任、高雄第一科大應德系創系系主任、高雄第一科大外語學院院長、學務長、通識教育委員會主任委員）

# 蔡進丁序

任佑兄是我和內人的學弟及摯友。

他的西文結合國際經貿的學術研究及豐富的實務工作經歷，在這領域算是台灣的佼佼者，可說對台灣社會已作出貢獻。

我最佩服他的是伺母至孝，把老母當作老菩薩奉侍，退休後專心照顧慈母，真誠赤子之心，令我十分感動。

任佑兄對師長、恩人、學生、同學、親友也常聽他掛在嘴上，真心感恩或關懷。他經濟雖不算富裕，但捐獻給學校的獎學金及其它善款，卻不計其數，眞是令我望塵莫及，佩服不已！

任佑兄未來有許多出書的計畫。這是他的起手式，把過去報章雜誌發表的文章結集成書。書的內容，我過去幾乎都有拜讀過。

每次讀任佑兄的文章，都感到這位學弟是一位好學深思，關懷國家社會有良心的知識分子，我也從中吸取到很多知識養分，也希望他的讀者或粉絲將來也能因讀此書而受益。

（曾任淡江大學產業經濟系專任副教授、新亞電器公司執

行副總經理、台北市議會張建邦議長機要祕書、中華台北划船協會國際組組長）

# 自序

吾少小因家中為地方主要報紙經銷處，每日接觸耳濡目染對報導文章漸感興趣，心懷有朝一日亦可揮灑成文公諸於世之志；然入初中（最後一屆後改制為國中）未能賡續此心。復次於台南長榮中學，在基督教義及古都文化薰陶下再提筆，其中教國文王春田老師的教導啟迪功不可沒！

當時宥於大學聯合招生之壓力，初試未啼，幸諸多貴人如先嚴好友許得利伯父及農復會技正黃嘉先生之介進該會充任臨時工友，夜間赴館前路建國補習班準備重考，僥倖隔年考上淡江大學西班牙語文學系。於農復會適一年，承會內企劃處資訊組周素珍小姐及畜牧組戴張嶺南祕書協助甚多，離會時後者發起樂捐助學，恩同再造。由於無以為報，除奮力求學力爭上游，維持在台多年情誼，最後並認為乾媽，嗣後外派拉美地區經洛杉磯常赴訪已退休獨居乾媽。

1973 年 8 月至 1974 年 8 月底在農復會一年中，透過會內大陸來台或留學歸國各領域高水準的上百位博碩士專家，熟悉各路方言腔的國語，接觸最先進的電腦領域，也頻繁接觸以英文撰寫的報告，實增廣見聞，對此後寫作助

益頗大，也了解到早期駐外農耕隊的起源與辛勤耕耘。從大學至研究所，參與亞洲與世界反共聯盟在台舉辦之多次國際會議擔任接待工作，也爲涉外事務之伊始。在歐研所畢業進經濟部服務之前三個月，蒙時任「亞洲展望月刊」總編輯陳雅鴻老師邀約擔任西文版 HORIZONTE ASIATICO 執行編輯，也感謝李娟娟學姊接棒（本書推薦蔡序作者爲渠夫君）；與前曾工作之「台灣產品雙周刊」（Productos de Taiwan）雜誌社總編輯職務相互輝映。於此對個人寫作以外編輯、校稿、出版、發行等習得於國內外運用大衆傳播媒體之心法，不亞於駐外新聞工作人員；在工業局、中企處、祕魯和宏都拉斯之經驗可謂集之大成。（請參閱後附個人履歷）

從大學在校內投稿，到歐研所洪茂雄老師代爲約稿投校外刊物等，中西文併進，最終乃能於國外撰稿並獲駐地經貿報紙 SINTESIS 全文全版登載，實爲萬幸！有鑑於書生報國除培養後進、應邀至各相關大學及工商組織演講外，並獲得母校協助博論送審，取得教育部所頒師資證。公職退休前後兼課超過 10 年，屢見國內外（特別是拉丁美洲）紛爭時事不斷，乃爲文分享拙見。因從事工作與經貿較密切，承 Cristina 學妹等主編抬愛，主要文章散見於工商時報及經濟日報。

個人以爲國家社會之發展，鑒於台灣爲海島型經濟體，對外連結尤爲重要；現將個人在國內外工作及教育經驗融爲此書。最後對淡江邀請兼課之拉美所前所長王秀琦老師、前所長現督導國際事務副校長陳小雀老師，以及西語系歷任系主任給予授課機會，在此表達感謝之意；承此機會於國際研究學院數位學習相關碩士在職專班，曾開過數位學習之西班牙語【兩岸經濟發展】、【東協經濟發展】、【兩岸經濟競合】，以及拉美所與西語系碩士班之【拉丁美洲企業經營環境研究】、【企管實務與翻譯】等實體課程；並在外交部、國合會、政戰學院等相關培訓班授課或演講所得相印證。當然公職最後階段在經濟部投資業務處負責協助陸資來台與大陸台商服務及拉美相關投資等業務，曾赴福建省與山東等實地考察，有相當的連結。感謝白象文化事業協助此書得以付梓，期溫故知新野人獻曝，並請各方家先進不吝指正。

完稿於家母 90 歲生日

# 目次

# 1. 台灣早期援外措施 早已實踐脫貧致富

2019 年諾貝爾經濟學獎頒給在發展差距研究領域有貢獻、任教於美哈佛的克雷默，及麻省理工學院教授巴納吉與杜芙若。1990 年代中期克雷默開始利用隨機試驗來研究貧窮。有了此基礎，巴納吉和杜芙若在數個發展中國家進行隨機試驗，研究教育、醫療和創業。自 2000 年代初期至今，三位學者花費無數時間觀察各地窮人的日常掙扎，並從中學習。

誠如坊間雜誌分析，落後國家如何解決脫貧致富問題，由於潛在相關因素極多，確切找出肇因並非易事。如以系統理論驗之，肇因應更爲繁雜。前文指出其中人力資本、健康、醫療和技能等因素，可能是發展關鍵。其實，台灣不管爲協助友邦或最後聚焦在鞏固邦誼，從楊西崑大使人稱「非洲先生」以來，包括台灣派出的農耕隊、農技團、技術團及現在財團法人國際合作發展基金會（國合會）推動的援外計畫，或稱雙邊合作計畫，盡皆在協助友邦脫貧致富或至少能解決馬斯洛理論的人類基本需求，進入 21 世紀後轉而以政府部門爲主導的滿足組織需求；此等生活水平與品質提升計畫，在友邦行之已久。

衡諸我國數十年在國外的援助方案，無論深度與廣度，可謂在本年諾貝爾經濟學獎得主所從事研究理論之前已經在實踐。就個人所知內容甚多具創新成功做法。如 2000 年代初期在宏都拉斯有豐碩成果的「養豬計畫循環基金」、「微小產業技術輔導計畫」及與之併行的「微額貸款循環基金」，以及尼加拉瓜「零飢餓生產債券計畫」等。其中某些雙邊合作計畫不但致力於脫貧，更可縮小城鄉差距；只可惜或許囿於各種原因，未能形成學術理論，並於國際發表廣爲周知，其中或無人作有系統且長期的歸納分析演繹出台灣自有的經濟發展理論。

同樣地在國內，台灣也有甚多著名成功範例，在協助偏鄉地區所在多有。最早的可追溯至 1970 年代初期，個人有幸近身觀察農復會推動之「農漁牧綜合經營計畫」；涵蓋前陣子發表低於全台貧窮線的屏東、台東、彰化等地區；只是也欠缺長期關注與投入資源賡續其成果而已。

以上無論是國外或國內存在一主要問題，亦即政治干擾。國外來自邦交鞏固問題愈趨嚴峻，國內則爲民主常態換黨（人）執政，而使得政策與措施愈趨無持續性，如協助中南部、中小企業及中產階級所謂的「三中」政策。幸而有非政府組織及宗教團體（如醫療志工團與慈濟四大志業）的投入，紓解部分偏鄉或貧困地區的窘境。

邦交國數漸縮減也顯示我援外計畫似不符合駐在國政府之期待，其中可能爲執行績效不足以打動上層統治階級的「致富」心態。在政商掛勾或當權派受對岸誘惑下必離我而去（如多明尼加與薩爾瓦多），其結果也可能導致我協

助下層脫貧計畫的中止。個人在第二次駐巴拿馬服務期間（2006～2010），曾研究該國有政商影響力包括縱橫無數產業 Motta 等十大企業家族，此等毫無疑問的對巴國政局有舉足輕重的影響力（與我斷交的 Valera 總統亦在該十大家族之內）。拉丁美洲地緣政治戰略中心（CELAG）研究員 Pablo Quiñónez 為文指出，如世界其他地區，此種大財團，如墨西哥通訊巨擘 Carlos Slim 的 Carso、巴西牛肉商 Batista 家族的 JBS、阿根廷 TECHINT 的 Paolo Rocca、智利 Copec 的 Angelini 及更多涉入拉美金融界十二大企業家族等，影響政府決策現象，已漸漸在拉美呈現且有擴散到國（區）外趨勢。個人曾研究發現巴拉圭出口台灣牛肉廠商背後有巴西投資商背景。

由此分析得知台灣協助友邦涉及資源運用，但更重要的是，邦交國當權者雖在乎協助下層民衆脫貧，卻抵不住本土財團「致富」之政治遊說或干預，導致在處理兩岸關係上有所傾斜，實值決策當局及有意角逐明年大位者深思與布局。這或許也是 2019 年諾貝爾經濟學獎得主以隨機試驗法應用於經濟學領域解決貧窮問題可能無法觸及之處，亦即政治因素凌駕於醫療、教育、中小微企業發展之上。

（原載工商時報「名家論壇」2019.11.14）

# 2. 教育之本在文化傳承——追思一位學術教育界的典範

今（2019）年 9 月中在淡江大學守謙國際會議廳舉辦的洪茂雄教授追思會，包括產官學研洪老師生前好友同事學生及受惠（恩）於他的代表性人物多人與會發表感言。由於洪老師及家人低調作風，除 8 月中過世僅舉行家祭，家人亦未出席該追思會，仍無損與會人士追思之情，整個過程展現類似活動少有的眞情流露與浪漫情懷。

本人曾受業於洪師頃自歐返國在淡江歐研所開設歐洲大衆傳播及東歐相關之研究課程，對洪師之治學嚴謹，指（輔）導學生研究不遺餘力，且時有創新想法與深度議題等印象深刻。個人當時正思索如何結合碩士論文研究主題與進入職場擬報考政府駐外人員之何種領域。洪師特囑撰寫「台灣與西班牙斷交經緯」乙篇文稿，並代爲安排投書「幼獅時事專欄」，並承蒙該刊錄用。後則轉而研究：西班牙佛郎哥時代迄璜卡洛斯上台之新聞自由演變；特別是從西班牙憲政改革與佛郎哥移轉政權中探討西國新聞自由之演變；最終列爲洪師指導課程之期末報告，且得以列入當時歐研所所刊「歐洲研究」之出版內容之一。

由個人與洪師之相處，剛好印證了追思會各代表與會

分享所表徵洪師治學研究方法與傳道授業解惑之教育態度，在在顯示其對時事趨勢洞察力、影響力、親和力，以及冒險犯難、讀萬卷書走萬路、研究教學與理論及實務齊頭並進，更提攜後進的無私精神，可爲無數後進甚至同僚之楷模，眞正讓人如沐春風、相濡以沫，更由內而外發揮出的簡樸勤學、犧牲小我成全大我之無畏精神。

此等種種顯示傳統文化影響知識分子之風範，另方面也展示渠受歐洲古老文化之薰陶及先進民主政治之素養；尚且追思會不只熟識或受炙洪師與會人士來自不同層面，年齡層也涵蓋老中青。會後且舉辦座談洪師紀念文集相關出版事宜，或許藉此可更彰顯洪師一生行誼，更可讓後人能永懷洪師民胞物與、厚德載物、書生報國之滿腔熱血。個人在公職生涯結束，亦投入教育界，正回應洪教授等恩師感召，希對學術有所貢獻，特別是在涉外人才培養方面。

個人認爲國之本在教育，教育之本在文化傳承，而文化傳承在樹立典範。無論國內外均缺典範的樹立，洪師茂雄應是另類的學術教育與國民外交的典範，願受其影響或特別是受惠者能擴散洪師典範，這正是今日台灣所急需者。

（原載工商時報「政經八百」2019.10.24）

# 3. 文化可為台灣外交 中庸之道的核心關鍵

蔡總統七月加勒比海首次國事訪問鞏固邦交「自由民主永續之旅」，或因鄰近 2020 大選或因邦交國僅餘 17 個，且所到訪均爲小國並未引來如以往對受訪國之熱烈討論（當然途經美國仍爲媒體報導重點）。從經濟部均未派駐四國商務人員可看出並無經貿利益（雙邊貿易及台商投資）；甚且兼轄之多明尼加大使館在斷交後，與最早斷交之哥斯大黎加其後巴拿馬與薩爾瓦多均未設名義上代表民間的商辦處，由此觀之，執政者並未重視中美洲及加勒比海地區，雖該區無實質利益，若台灣僅是追求地區強國或利益也罷。但除政經關係外，是否在人文科技或未來商機合作等全球戰略考量，如能撥些許資源或由民間自動發起投入，或許未來有額外收穫亦未可知，然要如何收穫就要先如何播種，綜觀今日兩岸與國內朝野治國理念，文化或可爲外交中庸之道的核心關鍵。

個人在某群組看到昔任職該區前輩所表達訊息，略以：「這些國家在當時是我們拚邦交國數量聊勝於無的國家，而今卻成爲我們外交的主力」時，不勝唏噓！前述此次出訪四小國除海地人口約爲台一半，其他三聖小國合計約

36萬人，似乎顯示台外交之國情日漸嚴峻。個人在1980年代中首派巴拿馬時，曾聽時任大使宋長志將軍表示，如巴（彈丸）之地，一師部隊足以管理好，其言爲大將之風，並無輕視之意；而今是否對此等寡民小國之外交關係維護有無別樣思維？國際上現實利益永爲各國外交之最高指導原則，但國與國之間也確實有友誼存在的可能，否則我現邦交國數恐歸零。

當然兩國之邦誼除有形的實質利益，無形的維繫亦應值得重視。如文化交流與認同；此地所謂文化乃是廣義的內涵，亦即包含語言、宗教（信仰）、教育（學術）、藝術（音樂舞蹈繪畫雕刻刺繡）、文學、建築、體育等，既可展現多元文化，亦可做根源之維繫（如原住民與新住民的共通性）。審之今日既然囿於現實環境，且我駐無友邦國家又以經濟文化爲辦事處名義，對外關係（含邦交國）就應以經濟及文化爲我拓展外交之兩大核心關鍵主軸，其中經濟主軸以互利互惠互補爲鎖，而文化主軸則以互信互知互通爲鑰。

再者文化可在食衣住行育樂體現出來，此等又可以不同型態方式融入（合）三級產業。實際上，大陸後來居上（如華語辦、廣設海外孔子學院），提供外人獎學金等進行全方位多層次的交流合作，不僅有其經濟效益，在軟實力甚至巧實力上，已讓台灣望塵莫及，雖其副作用也引起歐美等疑慮或忌恨已屢見不鮮。在此環境下，台外交如何透過文化補財力或政經之互補互惠不足，經此次蔡總統首訪加勒比海各友邦，如有欠缺之處（包括原國民黨時代外交作爲），應爲可重點考量者。

無論何黨何人執政，在現今面臨地球環境變遷，科技發展應用衝擊人性之際，文化應爲可長可久國家永續安身立命中庸之道，甚且可爲兩岸關係與國內朝野需有共識的核心。有關蔡總統新南向政策，如屬成功其主要因素係順勢而爲，也得利於大陸生產因素成本上揚、東協整合迅速脫貧期望高、又遇中美貿易戰，但觀之東協與台近兩年雙邊貿易演變與台拉邦交國自貿協定紅利利空短盡，面對僅餘拉美與加勒比海少數邦交國，似乎也到改弦易轍之時。

（原載工商時報「政經八百」——我見我思 2019.07.19）

# 4. 既要務實也要體制——兼記經貿飛躍發展那年代

台灣 2019 開春以來，由於經濟發展仍無大起色，在歷經九合一選舉再暴露有礙民主發展的黑金與官二代政治，加上參與地方首長敗選卻反成中央要員，且渠等行政權力凌駕勝選者之官場怪現象。

回憶自民國 72 年考上經濟部駐外商務人員至 101 年自願退休，30 年公職生涯影響或印象深刻長官甚多。猶記得當年經考試院特考錄取受訓期間，時任部長趙耀東先生到外交部外講所對我們受訓之第三期國際商務人員表示，為因應國家發展需要，自我們該期招收對象從文法商擴大到理工科；而 73 年 4 月結訓時，時任政務次長王建煊在國際貿易局蕭萬長局長面前，要求我們未來外放後應為國盡忠、圓滿達成任務，調回國時不得找人關說，否則立即調回，且要求我們未來當主管時，應為國建立制度、培養人才。

王次長雖不久離開經濟部，但隨後從貿易局一直升任至部長之蕭萬長、江丙坤兩長官，對制度之建立與人才之培養，似 3、40 年如一日。觀之過去及現今政府經貿人才，應為蕭江兩位老長官直接或間接所培養出來。證以台灣早期經濟奇蹟至20世紀末，此經年累積之成果，應為接續李國鼎、孫運璿等擘劃發展藍圖，所建立起來之體制有以致之。

個人多年前派駐西班牙與祕魯，曾有幸前後參加當時負責駐外單位江次長與尹次長赴蘇黎世與洛杉磯主持的地區商務主管會議；其間除獲尹啟銘及何美玥等長官賞識，提拔在工業局擔任過科長與中小企業處任組長兼經濟部中區聯合服務中心主任，退休前於投資業務處協助辦理大陸台商服務與陸資來台業務，也曾與海基會及工業總會公出大陸兩次。今日思之，前後在經濟部幾個單位工作接觸範圍與近20年駐外觀察經驗，深深覺得建立體制之不易，而破壞體制卻可在一夕之間，也眞正體會身在公門好行善。

台灣現階段雖應有政經一體發展大戰略，但在戰術執行上，應講求輔以所長之軟實力或多元文化等巧實力之政經分離作法。若論現今行政團隊所欠缺立即務實作法，應為行政院須發揮調和鼎鼐整合資源解決跨部會之問題；而層峰則僅需利用科技文化等有形與無形載具，專注於具經濟效益之國外利我經貿關係與國內利他弱勢族群足矣。

（原載工商時報「政經八百」——專家傳眞 2019.3.8）

# 5. 經濟發展新路徑

經過 2018 年 11 月的九合一選舉，台灣已邁向更成熟的民主社會。而人民也以選票表明更在乎民生問題，更求好心切。此種脈動，其主軸離不開亟需經濟發展以改變停滯、甚至衰退生活的社會民情。日本趨勢大師大前研一 2018 年新作《世界經濟的新解答》一書中似可予吾人一些具體的啟示，亦即台灣經濟發展的路徑爲：本土化、自由化、國際化。

大前研一是自由貿易與國際主義者，在書中他對川普與安倍領導下的美日經濟表現並不看好，甚至批評前者爲全球經濟最大顆的不定時炸彈。

對現階段世界經濟的新解答，大前研一策略性提出「全球最佳經營模式」，亦即購入最物美價廉原料，用最便宜工人，在最適合地方加工，將商品銷售至價格較高市場。換言之，就是產業價值鏈的全球運籌的概念。

另一方面，大前研一並不看好中美貿易大戰所引發的「市場各自立足模式」。其實最好的模式爲最適合自己的模式，而歷經學習摸索創建更是一條最佳的個人、企業或國家發展路徑。

在該書第一章政治所引發的經濟危機中提到，雙面人民：全球主義和國家主義、唯有知性才能守護民主、生於沒有正確答案的時代個人必須當個「特色人才」，以及國家社會必須「以才生財」。

至於今後全球經濟將何去何從？大前研一在其後章節論及新進國家依舊低成長，而新興國家屹立不搖，國家主義與經濟發展的矛盾與衝突，現今世上的獨裁者與民粹勢力之剖析等等。

顯示民粹主義雖不可取，但能夠調和全球主義與國家主義兩者，應該是具特色的本土化。本土化乃是國際化植基於固有文化的根本，而自由化則爲當前受困於兩岸衍生的國際局勢與經濟特性的環境下，欲達到國際化所必經的途徑。證之華爾街日報與美國傳統基金會每年聯合發布的「經濟自由度世界排行榜」，最具自由度的國家也是全球最具競爭力國家（包括瑞士與新加坡）。

因此，台灣既然爲求生存與發展，又不得不走上國際化一途，那自由化勢必不可逆。台灣當下經濟發展的路徑，需先有具特色的本土化，方能以自由化做好融入全球經濟的國際化。

此路徑能否成功繫於全民須團結地推動植基於台灣固有的多元文化與前瞻的時代教育；在國家安全、人民福祉、生態環境得以保障的前提下，加速開放歷程；於無法制定遊戲規則下，主動積極發展優勢產業參與國際競爭。

現今科技日新月異，應鼓動全民一起投入方克有成，而立始點在於執政團隊的覺醒與對人才的凝聚力。

（原載經濟日報「趨勢觀察」2019.01.09）

# 6. 外交是內政的延長——論兩岸與經濟發展的另類思維

民進黨二次執政，我外交連續重挫現僅餘 17 邦交國。部分論者以爲應歸咎執政黨兩岸政策。其實就個人派駐拉美國家之工作心得，面對強勢崛起之中國，友邦國家在國家、政黨（商）及家族或個人利益考量下，對大陸之銀彈攻勢、市場吸引力、足以抗衡美國之政經軍實力等，已形成致命吸引力；遑論民進黨之最終極獨色彩，以及連政經分離都談不上的立場與政策作爲。

實際上，外交爲內政的延長，相對於大陸至少表面之穩定，中央與地方、政府與民間、官商之和諧局面，世界經濟第二大之相對比較優勢，台灣仍在統獨之爭、黨派之爭、經濟停滯不前，更位居四小龍之後，顯然應爲邦交國投入大陸懷抱之推力之一，或爲以往（1、20 年前）未曾顯現過之深層的關鍵因素。

因此，外交的重挫或可回歸到原點，亦卽兩岸關係，甚至國內之政經社發展上。其務實的做法則爲避開統獨之爭，一切以改善人民生活及社會福祉爲依歸。具體做法則是從人民食衣住行育樂，甚至健美心著手。以食爲例，最基本的食安都做不好，最終結果是政府在健保的巨額透支與虧損，更賠上全民之健康、家庭之幸福。擴而言之，台灣之外食文化，各種飲料店林立，未符健康衛生標準之飲食習性，都應該從根救起。僅此一項就是政府無可旁貸之責。

服飾方面，台灣已有完整的產業鏈，甚至已引入循環經濟，研究開發環保材質，並進軍國際。實際上，尚未普及化，包括功（機）能性布料等。應擴大應用面，朝物美價廉造福國人，且可走上國際投資與合作；而與綠色概念結合並更細緻化，無疑是必走捷徑。

在住的方面，面對天災人禍（地震、水、火災害），於建材等之安全要求，進而整體環境需求（如都更獎勵、交通建設之配合等），如同行善與孝順應及時爲之。政府應急人民所急，先憂人民之憂。行的方面，除具前瞻性之產業發展（交通工具與運輸系統），對人民生活面臨之問題，含汽機車與行人殘障人士之權益等，皆須有所保障。在教育與娛樂休閒方面，問題更是層出不窮，應窮其問題發生根源，既要治標更要治本，期能預防重於治療（救災）。

台灣人大部分是能吃苦耐勞也有慈悲心，對國家社會雖無 5、60 年代之危機意識，但在捍衛自己家庭群族之權益，可凝聚建設國家更完美之共識；惟政治紛擾、資源誤用或分配不均，各方應捐棄成見，一切應以改善生活環境提升精神品質爲標的，一旦台灣形成猶如區塊鏈之完美鏈結，必爲各國所稱羨，屆時也可爲強勢中國各省區之學習典範。不過，種種皆須政府與民間及各行各業之配合，其

中政府應居關鍵地位。

最後在總統負責兩岸、外交、國防分工情況下，行政院是否能負起本文所倡另類思維，不只開源更需節流或錢須花在刀口上；另也可考慮運用科技達成極致化的執行力。不知論者以爲然否？

（原載工商時報「政經八百」——專家傳真 2018.10.24）

# 7. 中小微企業發展輔導經驗與國際化

台灣中小企業發展政策目標在為中小企業創造有利的生存與成長環境，主要著力於追求合適政策法規、提供經營輔導、解決財務融資問題、建構資通技術運用能力與創業育成等五面向。於輔導方面在經濟部底下有 12 個體系，包括工業局負責的研發、工業安全、生產技術及污染防治，國際貿易局負責對外貿易之輔導、商業司負責國內貿易（前兩者常稱一體系），以及中小企業處負責品質改善、相互支援與合作（同業與異業）、資訊管理、經營輔導及創業育成；同時該處負責部內 12 個體系之協調及部外之幕僚作業。

台灣產官有極密切聯繫，可從對中小企業提供之服務網絡看出。以中小企業處而言，在北、中、南各有一直屬之服務中心，中華民國中小企業協會於各縣市有協會與各縣市政府之中小企業服務中心（與工業投資策進會同一組人馬）相對應，及存在一非正式組織之各縣市中小企業服務志工（或慣稱中小企業榮譽指導員）促進會，另並行之全國工業總會與商業總會轄下之各縣市工業會、商業會，還有青創總會與各地分會，也扮演不同之輔助角色。

產官學研之合作與研發體系有密切關係。台灣將基礎研究、應用研究、技術發展與商業化分為 3 個層次，由中

央研究院到各部會，配合各財團法人研究機構及大學技術研發轉移中心，以及各產業公協會與各特定產業之技術行銷市場資訊中心，共同形成全國性之研發體系。迄今台灣已有超過百間育成中心，其中 80%以上設在各大學內，可見產官學研透過育成中心對創業之作用。

本人於派駐拉美邦交國任內曾透過我外交部雙邊合作計畫，協助駐在國3所公私立大學成立4個創業育成中心。而在另駐地經濟參事任內曾與國合會協同中美洲經濟整合銀行成功舉辦中美洲外銷推廣政策策略行動論壇。在國內貿易部分，商業司配合中小企業處推動「一鄉鎮一特色產品」（OTOP），在帶有地方文化特色加持下，台灣也發展出地方特色產品的『產地認證』；我國 10 年前已在 APEC 分享且及於拉丁美洲各友邦。本人甚且曾應邀於某駐地工商部與世界智財組織 WIPO 合辦之相關拉丁美洲研習班，演講分享我國中小企業原產地認證與 IPR 等相關發展經驗。這也是我邦交國所缺者。

近年大家耳熟能詳的 PPP 在拉美邦交國也開始重視，但離台灣成熟的產官學研合作模式尚有不小差距，而目前由具技術研發與產業輔導背景者主政中小企業處，相信在輔導與協助中小微企業發展升級及輔導經驗國際化上將再造新猷，如能達到企管策略大師彼得杜拉克所創議國際化、資訊化、創新與整合知識經濟（4I+KM），將有意想不到的成果。

對拉美友邦可借鏡的是：（1）須建構與加強研發體系，結合當地如國科會、教育部、各大學（技術移轉中心、創新及企業育成中心）及研發機構等之資源；（2）須聚焦於策略性產業（民生工業如農產加工、教育產業如職訓、綠色產業如替代能源、及觀光服務業等）；（3）注重觀念教育與人力資本之培訓，諸如邏輯與運算能力、時間觀念（效益成本）、外語能力及資通運用能力等。

（原載工商時報「專家傳真」2018.05.22）

# 8. 催生台灣經濟學

在中國大陸以社會主義色彩市場經濟體制加入世貿組織時，各方對「中國經濟學」已有各種說詞。而在過渡時期之後，中國權衡利弊仍堅持其不同於資本主義的市場經濟體制，而此種具中國特色的社會主義市場經濟，在強勢中央集權領導下，常被冠以某主要領導人經濟學。

在 19 屆人大修憲對國家主席連任期限取消後，「習近平經濟學」存在已成事實！雖然習近平應不會贊同所謂「習近平經濟學」，而實質上，「習近平經濟學」即爲具有中國特色的「社會主義政治經濟學」；亦即國家（政府）強勢主導的經濟體制，易言之，等同強勢領導人的經濟學，或擁有個人及國家強烈色彩的理論、學說或主義。

其實，中國不只在經濟學範疇的自我主張，更細膩之處也在「走出去」對外投資的理論建構與實踐案例總結經驗上。如中國社會科學院亞太與全球戰略研究所的裴長洪與鄭文，在 2011 年於《經濟研究》期刊中，針對國際知名投資理論，如鄧寧的投資發展周期理論等，也提出國家特定優勢的補充解釋，其重點在強調對外投資來源國（母國），對於赴國外投資之本國企業，有行業、規模、區位、組織及其他等之特定優勢。

企業對外直接投資不再只是企業本身的競爭力問題，

其背後母國的幫助，以中企華爲公司在墨西哥近10年來投資爲例，相較美商思科系統在墨投資的母國優勢顯而易見。華爲本身的競爭力加上中國的強勢崛起，讓華爲在全球、巴西以及墨西哥，擁有很大的優勢。母國對企業的幫助，可藉由其政治、經濟、社會、科技各層面來分析得知。中國在各層面的影響，有助於華爲在墨西哥與其他企業進行競爭，例如，中國銀行的融資貸款、中國與墨西哥政府間簽署的各項條約與協議，以及中國國家品牌的提升等等。

在討論「中國經濟學」東西之爭，及中國專家學者補充投資者母國之特定優勢的國際直接投資理論之餘，台灣面對此新情勢，可思考的不只是因應對策，而是深層次的思考，是否有我們特有或可作爲補充理論。

記得台灣曾歷經「王蔣論戰」時代，也有施振榮先生解釋價值鏈強調的「微笑曲線」補充，並有前理律律師事務所徐小波先生所提的「二次經濟奇蹟總構思」看法。兩岸現階段雖受無92共識影響，但兩岸經建發展受儒家文化與孫中山學說之影響，兩岸應有共識。

據悉，過去競爭優勢理論大師波特訪台時，曾有台灣企業界人士發聲表示，在波特甚至其他理論出現前，台商早已在全球化的浪潮中實踐過了。然而，試想在短中期內，台灣是否有可能建構出可與他國分享的獨特見解理論？這是值得在地的學者專家思考的議題。

（原載經濟日報「趨勢觀察」2018.04.27）

# 9. 發展觀光先擴大國際視野

今年春節前花蓮地震，使花東觀光旅遊及房產業受創至巨；前者短期，後者短、中期均受重大衝擊。個人因多年服務於海外，在觀光大國西班牙工作四年，適值 1992 西班牙之年（奧運、世博會、發現美洲新大陸 500 周年慶及馬德里歐洲文化之都等），感受頗深。

徐小波先生所撰《第二次：二次經濟奇蹟總構思》一書中，「從國際化優勢角度發展台灣觀光業」一文，表示民間創造力不讓人擔心，政府法令讓人擔心。他指出，在面對部會職權重疊、地方政府層層管理，應大盤整主管機關、推動異業結合、以負面表列的思考來改善。

徐小波認爲觀光業發展策略方向，包括：研究如何發展本土文化的內涵，以吸引國際觀光客；促進相關產業的合作發展；政策面應以鼓勵民間作爲核心思考；創造良好的整體環境，加強主管機關橫向的聯繫；無形資產創新經營模式的融資問題、籌資管道；發展或發揚地方的特色，如台灣文化歷史的內涵（以 17、18 世紀國際化歷史）、鶯歌陶瓷、放鞭炮煙火文化、科技運用結合傳統節慶等。

以海島型經濟如同對外貿易，台灣觀光業須各地國外旅客來消費，雖已突破千萬人次，但相較西班牙來客數超過全國人口數，且翻一番達六千萬以上或近億人次，更勇奪世界經濟論壇 2015 年以來國際觀光業競爭力評比第一名，淨所得甚至超過美國也是全球第一名，很顯然我國有很多可改進的地方。在此我們需強調的不只是來客數、停留時間、消費額與回客率，也要注意所帶來之經社負面影響。

實際上，台灣推動觀光業，政府與業者均須具備足夠的國際觀。由世界經濟論壇（WEF）在近幾年發布之觀光旅遊競爭力年報指標（WTTCI）中，所用四大構面 14 項指標，可做爲檢視台灣發展觀光業之關鍵策略。相較台灣與西班牙之觀光發展競爭力，從該等指標可看出台灣應加強之作爲。四大構面包括環境構面、交通運輸政策與營造條件構面，以及自然與文化資源構面。

14 項指標則包含商業環境、治安與安全、健康與衛生、人力資源與勞動市場、資通訊成熟度、國際開放程度、價格競爭力、環境永續性、空運基礎設施、海陸基礎設施、觀光客服基礎設施、自然資源，以及文化資源與商業旅遊。

以文化資源與商業旅遊爲例，前者牽涉甚廣，後者因台灣國際地位與產業結構發展未能迎頭趕上，台灣無論在會展產業或國際商業旅遊，相較臨近的港、星甚至後起中國大陸，都相形見絀。文化資源的次級指標包括世界文化遺產景點數、口碑與無形文化遺產表現數量、國際級運動體育館數，以及文化與娛樂觀光數位需求等來看，台灣並無明顯重要性或突出表現，或已受大陸另類磁吸效應所影響。

若以西班牙的經驗來看，其文化觀光資源與推廣對觀光業有很大的助益，因此觀光業實離不開文化。此外，台灣地瘠人稠，雖某些地方也自許爲好山好水好風景，但以各地方特色產業與觀光旅遊連結度其實不足，這部分或許可以參考日本實行多年的「地域再生法」或「地方創生計畫」，或許已可得出台灣觀光業發展轉型升級之道，其中中央與地方政府、業界與學者專家之結合，缺一不可。

（原載經濟日報「趨勢觀察」發展觀光 先擴大國際視野 2018.04.04）

# 10. 我與雙巴 FTA 及經合協定的缺失與補遺

台灣與巴拿馬自由貿易協定（FTA）於 2004 年生效，是台加入世貿組織後第一個對外簽署的 FTA，巴拿馬 97% 輸銷台貨品及台灣 95% 銷巴貨品都降爲零關稅。去（2017）年 6 月 13 日巴拿馬宣布與我斷交時，國內媒體報導雙邊 FTA 何去何從？並指經濟部長表示，全力配合外交部後續因應，確保我國權益跟廠商利益；另引述官員說，台巴之間雙邊經貿金額不高，斷交對經貿影響不大。

另方面，去年巴拉圭總統於 7 月來訪時，我與巴拉圭在世貿組織架構及考量巴拉圭爲南方共市會員國，雙方乃簽署非 FTA 之經濟合作協定。論者以台灣角度看，中小型拉美邦交國貿易量有限，台灣增加其農牧產品的進口來維持邦交是划算的策略，然而事後的發展卻經常不如人願。以巴拿馬而言，對台出口從 2004 年 2300 萬美元到 2008 年 6900 萬美元，至 2013 年減半成 3400 萬美元，2014 年掉到 2800 萬美元，而且巴拿馬對台貿易逆差並沒改善。論者也指出我對簽署 FTA 邦交國具進口優勢的農牧產品，並未採取自由貿易作法，而是採取關稅配額制度，且邦交國農牧產品出口達到界限，可能因需長期投資、輸美市場較優惠

或受限履歷制與配額等因素，就無力突破增加，是以若要將它定位爲維護邦交之必要「讓利」，農牧產品的免稅，可能必須是無配額的免稅，項目也要更多。

據個人理解，我與巴拿馬 FTA 係先天不足、後天失調。蓋巴拿馬係以服務業爲主之經濟體，且我對巴拿馬出口工業（消費）品，主要經箇郎自貿區轉往鄰近國家（故巴政府並不重視），另一方面，巴拿馬之農牧產品中，糖輸美優惠較台爲佳，而牛肉受限產品質量與履歷證明，此等主力出口品盛極而衰，又被鄰近尼加拉瓜所替代，在過度重視貨品貿易，而台商投資又後繼無力情況下（前有長榮航空退出巴市場，後有兆豐甚至捲入紐行「法遵案」），雖另簽有外貿架構內之經貿技術合作協議，但並未予以重視其執行，甚至侷限在經濟部貿易局爲主政單位，更乏資源投入。

同樣地，與巴拉圭之經濟合作協定，除在大宗主要貨品貿易（如大豆與牛肉）中，恐大幅度嘉惠大型企業或在巴拉圭投資之外企（如巴西商），須說服邦交國運用我技術及資本財，提升其原物料出口品之附加價值，且不應限銷台灣，甚至除協助出口至原傳統市場如歐美及其鄰近市場外，在大陸今年 11 月起每年將舉辦「中國國際進口博覽會」之際，我方也可順勢而爲，協助銷大陸，蓋最瞭解大陸的還是台灣，或經台灣是到中國大陸最短的路。經濟合作應突破以往做法，不應由經濟部（甚至僅貿易局）一個單位擔綱，須由跨部會或外交部出面協調，比照新南向政策若干可能修改後，適合與拉美加勒比海邦交國進行者，其中所謂雙邊合作計畫，有些項目是否可為我向友邦學習或引進之技術合作計畫，應值得深思創新作法。

投資推動方面，現有措施已不易。與中美洲友邦之互動模式，考察團一堆，但實際去投資有限，除替代能源業在薩爾瓦多、瓜地馬拉及多明尼加等有些動作外，以巴拉圭論，雖遙遠且為內陸國，或許目前在短鏈革命交替潮流下，應可鼓勵南方共市其他國內之台商串聯前往投資，或在南方共市內，就近建立產業群聚或供應鏈。另方面政府單位應放棄官本位主義，在大陸透過「一帶一路」資源及「中拉共體論壇」平台壓力下，鼓勵南美諸國當地工商團體及台商組織來台建立據點，以激起業界或民間構建經貿網絡，與大陸之互聯互通互補（可慮及智利前總統 Bachelet 在中拉論壇提出之「數位絲路」），如是對接或進行缺口補遺，應可以有限資源在瓶頸處發揮槓桿作用，則可事半功倍，亦不虞大陸之壓力強勢作為，說不定可達到台拉中三贏局面。

（原載工商時報「專家傳真」2018.04.03）

# 11. 經濟發展關鍵在更自由化

報載美國智庫傳統基金會與華爾街日報於 2 月初共同發布「2018 經濟自由度指數」，我國在 186 個經濟體中排名第 13 位，較 2017 年下滑 2 名。資料顯示，各指標退步最多的是「投資自由」。

個人曾兩度服務於經濟部投資業務處與工業局及派駐西語國家多年。據觀察研究該經濟自由指數年報所得，排名第一級之自由經濟體均爲常年獨占前茅之港、星、紐、澳、瑞士等國，此等經濟體在世界銀行全球「經商環境」（Doing Business）歷年之評比，或世界經濟論壇之全球各國地區競爭力排名均爲常勝軍。此意謂著此經濟自由指標值得吾人重視。

其次，由此經濟自由指標評比四大構面或主要指標以台灣論，發現涉及甚多部會，特別是本次衰退最多之「投資自由」，甚至表現最差之「勞動自由」，並非經濟部所主政。其中「投資自由」內容包含土地取得限制、業別投資限制、外匯及資本管制等，均非經濟部主管業務。至於改善「五缺」問題，對「投資自由」之助益，在未釐清環保與資源配置善用與否前，恐仍存在相當疑慮！蓋台灣早已不適合大量消耗天然資源（陽光、空氣、水、電、土地）之產業發展，至於人才問題牽涉更廣，並非區區攬才專法即可解決。

再者，個人曾任職拉美多年，發現越重視經濟自由國家，均大力改善整體投資經商環境，雖有側重若干策略性產業，但資源並未大幅傾斜，其中甚至南美智利在多年來於本經濟自由指標排名上，一向超越台灣多名。

有關經濟自由度與整體政經實力有關。對台灣而言，更與兩岸問題牽扯不清。如在無法與更多國家談判簽署自由貿易協定及加入區域性自由貿易區情況下，是否可針對性大幅開放鬆綁法規，予外資外商外人更自由在台活動空間，應不失為突破經濟發展困局良策。

在改善整體經商投資環境之際，對中小微企業、弱勢團體，以及針對改善積弊已久之天災人禍造成民怨無感；甚至包括早期間或「家庭即工廠」等政策衍生不易解決的違章工廠，「農漁牧綜合經營」所造成的地層下陷及農舍改建成豪宅等後遺症，仍無一套標準作業流程或已無政策持續性。應思考是否建立透過（明）有關機制，改善解決問題，同時亦能創造更多商機與有助全民生活福祉。

（原載工商時報專家傳真 2018.03.02）

# 12. 與巴拿馬斷交後 對拉美關係之反思與創新

與巴拿馬斷交後，台灣邦交國剩 20 個，其中 11 個在拉丁美洲加勒比海區。毫無疑問，無論政經或地理位置而言，巴拿馬為台灣最重要邦交國之一。然不管是否會引起骨牌效應或雪崩式斷交潮，吾人在意的是，目前對拉美加勒比海地區之關係作為是否有檢討必要？答案應該是肯定的。

就國內來說，民進黨重新執政迄今，兩岸關係未見緩和且有日漸惡化跡象；拉美地區則因形勢比人強，對岸謀台日亟。如以 PEST 分析工具探討雙邊或多邊關係，政治層面應屬首端。但或許為緩和對岸之壓力與戰略考量，現執政黨上任後積極推動新南向政策，其具體作法則從非政治層面諸如經貿社會教育文化與科技合作等層面強化以取得政治影響力或促進雙邊政府連結；此舉，一方面是否有資源配置合理問題，另一方面，似未考量對於邦交國關係之衝擊。

其實在維護鞏固與邦交國之關係，未嘗不可從非政治層面著手，但如何作為則有深入研析必要。個人多年前曾提出應尊重市場法則，從供需及第三方之可競合評量。最近個人在指導邦交國數位學習碩士生研究論文，更提出可運用馬斯洛之人類與組織需求理論，作爲雙邊合作量質之評估標準。

誠然，巴拿馬最早與台灣簽署自貿協定，但衡諸中美洲與台簽署國、並非最大受益國，蓋因巴經濟結構以服務業爲主，而台對巴輸銷主要地區之箇朗自貿區又不爲巴政府所重視；再者，隔鄰哥斯大黎加與中國建交後，中哥立即簽署自貿協定；個人側面瞭解中哥建交，在哥美商資訊大廠有推波助瀾之疑，而巴政經影響力至鉅之各大企業家族，也不容忽視。

據個人研究心得，我與中美洲邦交國簽署自貿協定雖有助提升雙邊貿易額，但鑑於雙邊經濟結構，基本上應有其極限。另方面，與巴國雖有簽署雙邊經貿技術合作協定，但僅限於對外貿易範疇內，亦即台巴雙邊經濟合作有其先天之侷限性。反觀，在一帶一路全球布局大戰略精神下，中國對我邦交國之吸引力游刃有餘！另方面，中美洲整合體系剛由哥斯大黎加輪職主席交給巴拿馬，下任爲多明尼加，值得注意！

（原載工商時報「專家傳真」2017/07/05）

# 13. 與拉美邦交國經貿關係如何加強

蔡總統於本（1）月 7 日赴訪中美洲宏都拉斯、尼加拉瓜、瓜地馬拉及薩爾瓦多四友邦。據報載此行重點在鞏固邦誼，讓台灣走向國際以及深化雙邊合作方案。蔡總統強調秉持踏實外交、互惠互助原則，推動外交工作，採取共同協商合作互利方式，達到跟邦交國雙贏發展的目標。

增進兩國經貿關係，大都以貿易投資及經濟合作爲主。在貿易上，我國與中美洲四國及巴拿馬均已簽署自由貿易協定且生效多年，雙方能否再突破貿易高峰可能性不高。其中又以尼加拉瓜受益最大，主要乃因中美洲各國主要爲農牧產品出口國，其中牽涉甚廣，內有供需、產業結構、與他國競爭、配額運用與檢疫（如糖及牛肉）等等問題，不易再創佳績。投資方面涉及美國市場需求與配額問題。在川普即將上任對墨西哥都放話情況下，是否能吸引企業針對輸銷美國市場之產業進駐投資不容樂觀，其中包括紡織業已有被越南所取代之趨勢。

乍看之下，無論貿易或投資似皆困難重重，實則不然。以往台商往國外投資均基於生產因素及接近市場，雖投資可帶動貿易、貿易亦可促進投資仍然可確定，但須有創新之作法。例如已有綠電業者及利用咖啡渣製作機能布之台商，赴中美洲及加勒比海邦交國投資。此等非爲無技術含量之出走產業，而對當地而言，已屬高端科技產業。

然而該等案件應爲民間企業自行前往投資，無關政府態度。故政府應該因勢利導，除部分如新南向政策所推動之整體性作法外（如對邦交國開放免簽證入境），對拉美地區應有適應當地國情之策略措施，如多明尼加首都爲交通問題所困，或可引進我 UBike 系統及自行車裝配業之循環經濟產業，兼顧軟硬體。

審視現況創新措施：其一爲針對自由貿易協定，應重新檢討爲全面性之經濟合作協定，包括比照與巴拿馬自貿協定所簽附約之經濟貿易技術合作協定，應與各邦交國依蔡總統指示雙方互利互惠雙贏原則洽商，且不侷限在貿易範疇內，也可做爲我加入 TPP、RCEP 之準備工作的試金石。其次甚多有利改善友邦民生問題，如食衣住行教育醫療等之計畫同時亦有商機，或值得兩方進一步合作，而不是純粹由我方買單之所謂雙邊合作計畫。

以尼加拉瓜而論，應由基本民生溫飽的需求往馬斯洛理論上一層小康階段需求進行合作互利互惠。在我農耕隊時代，歷經農技團、技術團及專案計畫導向之分享經驗，雙方供需之間，似可重新定位創新出如觀光果園與文創或擁有地方特色連結的新產業，亦即眞正爲對方民間與政府需要，也是我方眞正且更適合我方可提供者爲之。再如醫療保險制度與相關醫療器材以及人才培訓之配套合作（目前巴拿馬駐台大使館在醫師交流方面已有初步成效）。

另外，拉美多數邦交國雖同爲西語文化背景國家，但實不可混爲一談，最明顯例證爲此次蔡總統參加總統就職

大典的尼加拉瓜，今日之尼加拉瓜已與首次桑定陣線執政曾與我斷交的尼加拉瓜不同。職是之故，與各邦交國洽談雙邊合作計畫時，不可一概而論。

一方面，或可由工商團體聯合在中美洲如巴拿馬設辦事處，除更接近市場脈動，亦可提供各項投資貿易技合工程資訊，以及作爲經常性聯繫窗口，更可就近研究更契合我業界與中美洲邦交國之合作投資項目，比如串連台北、矽谷、中美洲之三角計畫，可帶動數位內容與資通訊之合作與發展，同時兼顧市場需求。另方面，已於邦交國中小企業協助輔導部分，可推動雙邊及多邊之創業育成體系的合作，間接將有助於我業者及個人赴該區投資創業。否則再組如過去那麼多投資考察團，亦將重蹈覆轍徒浪費雙邊資源，還不如名爲觀光團更受歡迎且無後遺症。

（原載工商時報「專家傳眞」2017 年 01 月 12 日）

# 14. 從委內瑞拉政局看拉美經商風險與對策

近月來國內有關拉丁美洲較突出新聞報導除蔡總統赴兩巴之英翔專案外，似乎只有巴西奧運及委內瑞拉與哥倫比亞邊境貿易與衝突等相關新聞。實際上，在蔡總統上任後 6 月 24 日首度出國訪問前，中華民國國際經合協會即於 6 月 21 日舉辦巴拿馬經貿投資暨商機研討會，當天同時也舉辦哥倫比亞場次；至 7 月 7 日國經協會又與智利全國工業總會在台舉辦第 11 屆台智（利）經濟聯席會議，爲聯席會議首度在台舉辦。很可惜，此三項活動並未受國內媒體重視與報導。另方面，7 月 12 日報載我某知名電腦廠商驚爆受委內瑞拉拖欠貨款達 9,000 萬美元（折算新台幣 29 億元），雖仍有收回貨款可能，但以委國目前政局演變而論，先行列爲呆帳費用，不失爲善盡企業責任及對股東有所交代之明智作法。

委內瑞拉在政治上，2013 年 3 月 5 日軍事強人查維斯去世後至其繼任者馬杜洛上台，國內政局已動盪不安；財經上從單一的原油收入爲經濟主要骨幹，較其他南美各國以非單一大宗原物料出口之經濟成長模式更脆弱；社會上由於左進之國有資產化政策不利民營民生工業之發展，造

成物價飛騰（2015 年近 160%通膨率），民生物資匱乏民怨上揚。更甚者，國際原油價格疲軟，國內於 2015 年底國會打破一黨獨大局面，政府治理與之糾結，從常理判斷，委國政情短中期內絕難樂觀。

委內瑞拉對我國並不友善甚至是敵視，從我外交部領務局網站可看出，委內瑞拉自 2007 年 3 月取消我國人入境免簽證待遇，在我國無任何核發簽證機構，至委駐美、中及中南美各使領館亦對我國人簽證申請案審核從嚴且多予拒絕。我經濟部投資業務處網站各國投資環境簡介拉丁美洲及加勒比海（含 12 邦交國共 18 國）並無委內瑞拉。國際貿易局經貿資訊網雙邊貿易國家檔委內瑞拉亦由駐哥倫比亞代表處經濟組兼轄。實質上，台委兩國在無互設經文性質辦事處下，幾無關係，職是之故，與委之貿易能不慎乎！

其實，國際各主要機構一向對委內瑞拉之各種評比分析幾乎墊底。如世銀之 2016 年經商環境委倒數第四（186），瑞士 IMD 世界競爭力評比 2016 年最後一名，世界經濟論壇全球競爭力 2014-2015 年報在 144 國中第 131 名，美國傳統基金會與華爾街日報之經濟自由度指標 2016 年在 178 國中亦是幾乎墊底的 176 位，加上代表貧窮指數幾尼係數與貧富差距（全國最富之五分之一人口占一半以上之財富）以及國際透明組織貪污指數排名 168 國中的 158 位與可控程度僅 7%。誠然，從上述舉手可得的資料判斷，委內瑞拉並不是一個值得甚至可以經商貿易與投資的國家，雖非避之唯恐不及，但總需有必要之風險防範與對策。

不同資料顯示委國人口在2,600至3,000萬之間，人均亦在 1 萬美元以上，但貧富懸殊；如政局社會能穩定，經濟仍然有望可以發展。目前拉丁美洲以往左派政權如阿根廷等已走上經濟自由化之路，雖然坎坷未來商機仍然無限，但仍須未雨綢繆，如已有廠商透過中介或代理商通路輸銷，也有廠商於內部自行培訓西班牙語人才，甚至早已到墨西哥、巴西及中美洲及加勒比海邦交國投資設廠。

個人認為，除廠商需有風險意識管理等因應對策（如風險高貿易對象出貨至少先收成本價），政府應在資訊情報蒐集及產學合作人才培養上下功夫（如助工商團體協同於巴拿馬等戰略地點設據點），雖然民進黨執政基於兩岸關係，外交有偏美、日、歐且推出新南向政策，實際上，就企業經營環境而言，內部政府治理與外部全球化及區域整合下之產業布局亦同等重要。

對拉丁美洲及加勒比海地區而言，無論有無邦交關係，協助業者促進技術合作解決投資與貿易障礙應為首要任務，特別是在非邦交國所有駐外單位人員應以推動增進雙邊財經貿易關係，為關鍵績效考核指標；至於邦交國可運用之資源更不在話下。吾人期待能取之於納稅人的錢能回饋到大多數人民及廠商身上。

（原載工商時報「學者觀點」2016.07.22）

# 15. 台灣應以智利為師

2014 年最後一季在亞太地區最引人注目之國際區域經貿消息應屬亞太經合會 APEC、東南亞國協 ASEAN 及東亞與 G20 在此區舉辦之各項高峰會。相較於台灣被邊緣化的事實，身爲 APEC 拉丁美洲僅有 3 會員體之一的智利，卻因中韓談妥自由貿易協定而被台灣媒體屢次提及其經濟領域甚且超過韓國。其實，在衆多 APEC 峰會相關訊息中，某報導指出智利女總統巴琦蕾 Michelle Bachelet 對中國習近平主席有意加速 APEC 融合爲共同市場主張提出不同看法，她認爲不應急就章，而應更詳細謹慎規劃。智利女總統在衆多 APEC 領導人面前針對強勢主導峰會之中國立場提出質疑，應經過深思熟慮，亦應源自該國之政經發展經驗。

實際上，近 3、40 年來智利政經發展背景和歷程與台灣極爲相似。台灣同在威權統治後走上政治民主化、經濟自由化，但卻因國內主要兩黨意識型態之爭及黨派與個人利益凌駕百姓利益，導致內耗空轉經濟不振且無法達到人民期待。反觀智利，除社會百姓較有法治觀念，民主化進程亦經過一番努力，透過行政、立法及司法上的改革，不但脫離威權時代的政治陰影，甚且並未存在後威權國家所出現的弊端，反而積極的建立與回復正常的民主機制，使智利的政治維持穩定的型態。由於有穩定的政治體制，使得智利的經濟在政府與民間共同努力下，逐漸在國際上有極高評價，甚至於超越台灣。（智利於 2010.1.11 加入台灣一直無緣的「富人俱樂部」OECD）

依據瑞士洛桑管理學院 IMD 針對 60 個國家在 2014 外在形象評比中，智利居第 7 名，台灣第 22 名，甚至於還落後南美智利鄰國祕魯一名。該排名新加坡首位，香港第 9、南韓第 12，甚至馬來西亞還居 15 位，形象均優於台灣；或許台灣在國際之尷尬地位影響所致。另美國傳統基金會所作經濟自由度評比，智利近 10 年來突飛猛進，名列前茅，近年來均緊追經濟自由度最高的香港、新加坡、瑞士、澳大利亞、加拿大及紐西蘭等國，2014 年名列第 7 名，而台灣在 178 國中位列 17，離智利仍有一段距離。由前述資料分析，無論能否簽署更多自由貿易協定或經濟合作協議，經濟更自由化恐為台灣提升競爭力的不二法門。

另有研究顯示，智利政府在 1973 年以後採取的自由經濟政策後，使得外資的引進更帶動國外技術的交流，甚至加惠葡萄酒與鮭魚養殖產業等，亦因之受益得以大幅提升及轉型，進而成為智利產業與出口擴張多元化成功案例。其中除自由貿易協定簽署擴大經濟領域降低貿易障礙外，智利產官學在努力促進產業以聚落方式連結全球生產網絡、國家品牌策略結合出口多樣化政策成效卓著，更彰顯智利公私協力關係的和諧。

台灣在 2014 年終民進黨取得大多數地方政權，未來無可避免將衝擊 2016 年大選及兩岸關係，惟無論從中國走向

世界抑或從世界走向中國，朝野共同面對的仍是被邊緣化下如何走出經濟困境。由智利與台灣政經發展歷程相較，在同時追求民主深化過程中，堅持經濟自由化的腳步勢須加速。如果智利是一個成功的典範，那麼應該有值得吾人學習之處，否則台灣某些瞭解拉美人士間一句值得玩味的笑話：「台灣不如拉丁美洲國家」，或許正一步一步應驗！

（原載工商時報 政經八百「專家傳真」2014.12.31）

# 16. 先從立法院講求法治做起

（工商時報登出拙作〈臺灣的未來——法治、民主、自由〉經該報政經八百版編輯室以〈先從立法院講求法治做起〉在（2013.8.13）七夕情人節登出，如此或許較引人注目。原作如下：）

從臺灣現階段政經發展及表現，毫無疑問與世界大多數國家一樣，面臨或多或少之挑戰與機會，無論在外交或內政，均存在許多不易克服之困難。外交之處境經過國、民兩黨輪流執政，應深知有不易反轉之局勢發展，在馬總統再次親自赴中美洲友邦固樁，似又復提醒國人臺灣之國際地位現實。觀之國內現狀，因兩岸服貿協議之簽署、核四是否興建之公投立院表決案、以及洪案涉及之軍紀與人權問題、食品安全與狂犬病等衆多令人不安訊息，實觸目驚心，臺灣之生存發展環境一日數變，值得吾人共同深思解決之道。不揣冒昧謹提出個人淺見。

最近赴新加坡一遊，感觸頗深。前曾聽一句俗話說：新加坡有法治及民主，但沒自由；香港有法治及自由，但沒民主；臺灣有自由及民主，但沒法治。誠哉斯言！香港無民主已人盡皆知，而新加坡無自由，由今年其提倡之Many stories, one Singapore 族群融合的口號，亦不難見其端

倪。縱然如此，港、星在國際競爭力及經濟自由度卻遙遙領先臺灣。論及臺灣之法治觀念，從立法院之議事混亂甚至暴力相向、軍中法紀因洪案似蕩然無存，歷數食安事件，以及貪污世界排名污名化等，均顯示法治觀念之欠缺。

臺灣欲提升國家競爭力長治久安，首要課題應在法制教育，而學習港、星之法制化、制度化及制式化，或許值得思考。在全面建立法治觀念，落實民主政治，始爲對比中國大陸，值得吾人自傲之處。大陸經改多年已有所成，但在政改無法落實之際，中央集權式政府治理，及以黨領政與黨內所謂民主集中制，恐不易長治久安永續發展。臺灣式民主雖亦存在不少弊病。如總統制或內閣制仍牽扯不清，立院亂象，地方民意機構與派系糾葛已損及建設，再者行政效率亦存在不少改善空間。臺灣倘在經濟社會發展不穩之際，對大陸值得展示的唯有華人地區民主憲政的表徵，故有必要鞏固發展清明民主政治。

臺灣係海島型經濟，故不可能閉關自守，唯有國際化、自由化，方能立足於世界，但無法治觀念的自由化，恐侵犯他人之權益，無民主政治之規範，恐淪爲少數人脅迫多數人，或擅權（利）者欺壓弱勢族群或老實人（或怯於表達者），往往造成極端事例（洪仲丘案應有更深層的緣由與意涵），從而損及大多數老百姓之權益。故自由非少數人之獨享權利；擴而言之，宜導向民衆立足點之平等自由，有利民主法治與經濟發展之自由，在此方面，或許可借鏡美國傳統基金會所發布之經濟自由度排名在前之港、星、瑞士與紐、澳。

最近因為兩岸服貿協議之簽署以及軍紀之有待整頓，甚至先前食品安全與狂犬病之逐漸擴大，在在均可由法制面切入，有鑑於立委袞袞諸公之表現，或許從立院內部議事規則之建立，以及朝野兩黨甚至社會不同層面對共同關懷問題之共識的形成，均有研議法制化、制度化或制式化之必要，否則無規矩不成方圓。敝人之見：臺灣之未來在法治、民主與自由，且須先講求法制社會，民主政治與自由經濟方有發揮的餘地，臺灣也才能永續發展長治久安。

（2013.8.5）

# 17.《世界經濟新解答》導讀

（原載淡江時報 第1079期 一流讀書人導讀）
書名：《世界經濟新解答》
作者：大前研一、譯者：劉愛麦、出版：商周出版、
ISBN：978-986-477-456-2。

導讀／西語系助理教授黃任佑

「世界經濟的新解答」爲「無國界經濟學」與「地域國家論」提倡者大前研一又一引人注目新作（2018.6 中譯初版），該書應爲其近年思考心得結晶，可視爲從政治談經濟或著重經濟之宏觀名著。大前研一爲極少數或現存能遊刃有餘於東西方之國際政經分析家，也是世界產業經濟走向或趨勢微觀預測家；此新作「世界經濟的新解答」，值得現代年輕人一讀，特別是未能或急需擁有世界宏觀視野與產業經濟微觀脈絡者極佳之參考書目。該書深入淺出，並於重要章節以圖表整理呈現重要觀點，應可讓閱讀者更有效率掌握作者主張。

本書從人才與資金今後將流向何處切入，隨後計分五章分別論及：政治所引發的經濟危機、G0世界今後全球經濟將何去何從？美國眞的在走下坡嗎？星星之火可燎歐洲、無法適應世界的日本經濟和企業，最後並以向矽谷看齊總結本書。作者主要從世界各重要區塊之政經分析、中美兩強之角力、民粹主義之興起與走向、歐俄日中東重大事件發生之因果與影響等貫穿全書；當然不可或缺之一爲對日本之過去現在與未來問題，做出有理有據的分析並提出對策。

顯然大前研一爲自由貿易與國際主義者，對川普與安倍領導下的美日經濟表現並不看好。對現階段世界經濟的新解答，大前研一策略性提出「全球最佳經營模式」，亦卽購入最物美價廉原料，用最便宜工人，在最適合地方加工，將商品銷售至價格較高市場；換言之，應爲產業價值鏈之全球運籌的概念。另方面，大前研一並不看好中美貿易大戰所引發之「市場各自立足模式」。

實際上，2018年天下雜誌在10月底第659期雙周刊，卽以「中美貿易戰升級爲「新冷戰」，跨國採訪台商雙邊攻略爲報導主題。內文主要分析台商下一步迎戰30年最殘酷洗牌賽，究應逃離中國或加碼美國?其中理出台商的五個打帶跑戰術：（1）加碼中國、（2）加碼美國、（3）布局全球、（4）前進東協及（5）回流台灣。個人以爲，無論大前研一所言「全球最佳經營模式」或「市場各自立足模式」，甚至天下雜誌整理分析出之前述五種對應攻略，以台商中小企業發跡之靈活性，應以最適合自身企業的模式爲最佳模式，台商甚至已自創出較學術理論爲先之營運模式。此論調不但適用企業，國家與個人亦復如此。

《世界經濟的新解答》一書，從「資金」與「人才」開啟序章，而最終以向廣義的包括舊金山灣區之矽谷看齊，學習

其技術平台、經營手法、資金人才，並強調中小企業或新創企業，建議從 3C（群聚外包 Crowndsourcing、雲端運算 Cloud Computing、群聚募資 Crowdfunding）與政府合作。至於在通貨膨脹時代的求生術則爲：將資產轉爲不動產與股票、企業應盡量的開發有潛力的新市場及（或）創立新事業。最後，新世代新功課爲：磨練「賺錢能力」。而求生兩大守則爲：第一、千萬不可對政府、媒體說的話囫圇吞棗，而是要經過一番融會貫通後，做出正確的判斷；第二、積極精進自我能力，成爲何時何地都不缺工作的優秀人才。總之，本書正適合現今台灣選後之新政局、追求經濟發展、企業亟需突破經營困境與個人安身立命在此劇變中生存發展，值得細讀之書。

2018.12.17

# 18. 推動自經區之近程與長期應有的作為

黃任佑 企管顧問、金門工策會委員

爲突破國內外政經困境，現階段推動設立自由經濟示範區應是朝野共同願景且刻不容緩的工作。惟個人認爲台灣仍須全面加深自由化，方能提升國家之競爭力。個人認爲欲提升經濟自由化，應檢視三個不同的層次；首先應藉鏡美國傳統基金會每年發布之經濟自由度指數評價的 10 大類 50 個指標。在該基金會年度報告中完全自由化國家或地區 2012 年前五名依序爲：香港、新加坡、澳洲、紐西蘭及瑞士，台灣遠落居第 18 名。分析該 10 大類評比項目，顯見政府在貿易、財政、經濟事務、資本流動和外資、銀行金融貨幣、工資物價產權、以及市場活動干預爲主要關鍵；換言之，經濟自由度指數與金流、物流、商流之自由化息息相關。其次考量台灣與前五名完全自由化經濟體，其政經發展的同質性與異質性，台灣應尋求出不同的經濟發展模式與定位；以大陸海西快速的變革及發展，台灣或許應以分工補位爲定位。最後，面臨全球區域經濟整合及國內立修法不易情況下，爲加速推動過程，在設立示範區

選擇地點上，以最有效及經濟方式，由原規劃執行之自由貿易港區爲基礎，在北中南三區各開發一處且由高雄先行；實際上，透過「離島建設條例」，已開啟金門免稅島及馬祖發展博奕休閒區的規劃施行，可視爲自港區之試金石。

除自經區設立應儘速擬訂特別法外，在策略規劃執行上個人淺見如下：（一）中央立法及修法宜早，且應尊重各區不同發展利基，多授權地方政府決策及吸引民間投入；（二）定位既爲自由經濟示範區，無論立法或執行上應走向完全自由化爲目標，只要不違反國家安全、不破壞人民生活福祉及不損害生態環境（亦即『黃金十年國家願景』之四個確保），應提供物流自由通關及人流出入境便利的服務（可從對我已免簽證國家地區開辦）；（三）就知識經濟及科技的發達而言，在智財及知的權利上已無國界，而海島型經濟的發展，雖然可能受限於水電土地通訊交通之稀有性或高成本，但其更具可控性，應更可往高值化服務業發展。在各區發展區隔上，建議或可依地區與產業定位分工如下：（一）南區高雄台南應對港粵東南亞，發展轉口製造業加工倉儲分裝貿易及重化工業爲主；（二）中區台中彰化雲林應對海西，發展精密機械設備民生工業及農產品加工轉運爲主；（三）北區桃園台北新竹應對大陸平津東北及東北亞，發展資通業及生醫應用產品爲主；（四）離島澎金馬應對對岸大陸相關特區或實驗區，發展兩岸可合作之服務業與境外營運區，如觀光休閒金融保險人才培訓等爲主，甚至可接受大陸農漁產及食品安檢分裝成倉儲轉口中心；（五）東區則以全球華人深度觀光旅遊休閒 （甚至身心靈修行體驗）及深層海水等替代能源產業開發為主。

據金門縣政府蒐集到的資料顯示，依大陸民政部區劃司研擬的「直轄市擴容」方案，廈門市與鄰近的漳州市、泉州市已進行「廈漳泉」一體化工程，三個城市間城際軌道交通即將接通，面向台灣的廈門會是優先選擇，未來三合一大廈門市面積人口將達台灣四分之三，北京也將廈門列為「兩岸金融合作示範區」；金馬如長期發展為非軍事區（如瑞士國際中立、巴拿馬無軍隊），在人流、物流、金流、商流及資訊流完全自由化之下，將可成為東亞高值服務業交流平台、兩岸人才培訓及資通訊新產品打入華人市場的練兵場。基本上，台灣（特別是離島）擁有優越的地理位置勿庸質疑，以經濟完全自由化程度最高的港、星、瑞士及西半球最大巴拿馬箇朗自由貿易區來講，除需有堅實的硬體基礎建設外，完備的軟體設備，優惠稅制及周邊服務業亦不可或缺，甚且還有其他有利的發展條件或環境，如：對外政治中立（無資社問題）、對內社會安定（法治民主）、美元（外幣）及英語通行無礙、國際通訊網路及自由企業暢通等。

自由經濟示範區不應侷限於兩岸，亦應國際化；而現階段除台灣本島已入選規劃之北中南三區外，在不需特別立法情況下，離島也可依有關建設條例，最適合先行作為海島型經濟體完全自由化的示範區，而配合大陸海西區之發展，無自經區其名亦有其實矣！而台灣是否能藉此順利脫胎換骨轉型，此其時矣！否則將應驗現廈門人所言「開門見金」，而台金關係或將於「金廈大橋」完成時，進入非我方所能掌握的另一歷史階段。其不可慎乎！

（「推動『自經區』之近程與長期應有的作爲」經工商時報因篇幅所限刪修，已於 2013.7.17 在政經八百版登出。原作如上）

# 19. 解開經濟發展困境，從操之在我部分著手

台灣經濟發展的困境與出路
(刊登於「解開經濟發展困境，從操之在我部分著手」
工商時報【政經八百】102.4.24

現階段台灣經濟發展的困境主要爲：其一、經濟問題無法以經濟方法解決，其中包括兩岸問題及朝野兩黨政爭引發問題；其二、面對國際區域經濟整合，無法有效因應及掌握主動參與；其三、國家競爭力相較其他亞洲小龍及新興工業國似已力有未逮，其中在投資經商環境之改善仍有極大空間。無怪乎江揆坦言悶經濟，似有意打開出口。

質言之，經建會已有「經濟動能推升方案」，管主委又推動「自由經濟示範區」，且經濟部已提出「三業四化」之產業升級策略；而張部長近日亦表示要「對外開放、對內升級」。但觀之國內經濟表現，在國際經濟局勢仍不容樂觀情況下，在短期內似仍不易好轉。主要在政府的效能無法提升，資源無法有效整合，而民間之動能亦無法顯現。

實際上，台灣要與主要經貿夥伴簽署 FTA 等經濟合作協議及加入 TPP，除宥於國際現實，似有捨本逐末之嫌，

蓋需反求諸己，是否已足夠國際化及自由化，換言之，是否已準備好更開放、更融入國際社會；美國傳統國際基金會每年發布之經濟自由度排行，香港連續 20 幾年獨占鰲頭，而其他前五名之常勝軍：新加坡、紐、澳、瑞士，甚至近年進步神速之智利，均值得台灣深思檢討；至於南韓經貿外交之勇猛精進與首位女總統之安內攘外手腕，更值得吾人警惕慎行。

其實要解開目前經濟發展的困境，應從操之在我部分著手，更深更廣之國際化與自由化應爲因應政經強大之中國及風起雲湧之區域或國際經濟整合壓力所需；其中涉及跨部會法規鬆綁藉以大幅改善投資經商環境雖刻不容緩，但從地方到中央之行政效率與一切以民衆利益爲依歸，更應爲馬江團隊劍及履及之施政方針與理念。

已過往之中華民國中小企業協會前理事長林秉彬先生，去年 10 月接受工商時報專訪時卽表示「30 天醫好經濟痼疾，神仙也爲難」；其實 3 個月甚至 300 天亦不可能。惟依個人淺見，台灣經濟發展出路在朝野對加深加廣之國際化與自由化須先有共識；再者，依國家競爭力、經濟自由度、經商居住環境等各項國際指標，宜由專責單位機構積極推動（需有石滋宜時代推動企業生產力提升之熱誠），應係跨部會甚至於需要全民共同參與。若干論者以爲現階段經濟困境係屬結構性，實際上，政府原規劃推動之 6 項策略性產業、4 大智慧型產業及 10 項新興服務業（合計 20 項產業），是否貪多嚼不爛，宜作檢討。更重要地，在國家安全、人民生活福祉及環境生態有保障的前提下，人流、物流、金流、商流及資訊流，倘能趨盡完全開放之自由化，只要掌握好五流規劃開放時程及避免或減少負面影響之配套措施，相信透過全國朝野努力及市場法則之運作，台灣經濟發展應可柳暗花明又一村，到達讓人稱羨的地步，屆時江揆必能出一口悶氣。

# 20. 我國外銷問題診斷與對策建議

我國出口積弱不振，影響經濟發展，爲人所垢病。究其源由，針對不同市場，或許有不同原因。針對我國前五大貿易夥伴分析雙邊貿易結構，大陸市場甚至包括香港，乃是我國主要貿易順差來源，除受世界經濟景氣影響外，我投資當地台商因外部成本、大陸競爭者替代作用及生產因素變動而外移或供應鏈在地化，已是不可逆轉，其結果自然影響從台灣的進口，有識之經營者應已預見且早已因應才對。政府應加速 ECFA 談判更大幅度之貨品關稅減讓及各項服務業貿易之協議。至於在陸台商之投資糾紛更應透過兩岸投資保障協議等劍及履及予以協助解決。針對歐美市場之出口衰退，除需密切注意景氣循環及當地財經發展外，或許應針對產業合作及當地台商投資服務多予關懷協助服務。日本市場在 311 大地震後及中日歷史仇恨未化解前，對我引進日資及關鍵零組件來台生產或合作，已展現極大空間；甚且有利我相關產業升級。對東南亞各國之出口成長主要在當地台商增加自台引進機器設備及半成品，另爲當地經濟成長所帶動的購買力，吾人對當地產銷貨品未來競爭力亦應持續觀察注意其演變；台商如爲逐水草而居的產業應更瞭解該變化。

有關經建會提出之「經濟動能推升方案」，針對促進輸出拓展市場涵蓋四點：（1）提升輸出附加價值，開發新興市場；（2）強化服務輸出競爭力；（3）積極加入區域經濟整合；（4）強化智財權策略布局。除第（1）點有可能爲短期且治標外，其餘均屬中長期且未必治本之對策。而政府另核定經建會之「傳統產業維新方案及推動計畫」，視其第 1 階段 122 項維新推動計畫（101 年至 103 年），與出口直接有關頂多僅一半左右；而對傳產之出口競爭力提升，事涉跨單位甚至跨部會之協商，恐無法達成其預期目標。針對出口振興，經濟部去年中曾提出「龍騰計畫」，其實應只是整併相關拓銷方案，預算應無多大變動，在各子項計畫經費配置恐亦如常；而去年底前針對新興市場之拓銷所提三策略：補助業者前往做通路與行銷、拓展台灣品牌形象及持續鼓勵貿協與公協會率團前往展銷台灣優質產品。該等策略係短期且可能爲治標作法。

個人建議政府短期：（1）應強化經濟部駐外商務人員陣容，趙耀東擔任部長時代開始加強吸引理工人才，蕭萬長部長任內則返國商務人員分派經濟部各單位強化涉外機能及自身歷練，歷經近三十年現今派駐中南美卻無足夠西葡語人才；對重要性不同之駐地不應有齊頭式派員或偏重美歐人員經費配置（監察院曾糾正似仍未改）。（2）甚多先進國家或貿易大國，駐外單位使領館均以拓展經貿關係爲主，甚且運用元首外交（如韓國李明博）推動區域經濟整合或媒介重大商機與科技合作；鑒於兩岸關係已緩和，應更突出以經貿爲主的外交。（3）成立多年外貿協會已漸官僚化或因自負贏虧，對微小型企業提供免費服務已有

限，現且因大陸政策，相對影響對其他地區之協助拓銷，甚且侷限在承接經濟部相關單位之計畫，恐早已無法與韓國等類似組織之職能相競比。長期而言：（4）政府對產業升級轉型所提出之三業四化應屬中長期措施，且侷限在經濟部主管產業，就如同改善經濟投資經商環境，其他部會主管領域亦需努力齊頭並進；以最少資源在價值鏈制約點發揮槓桿作用，達到最大效益。（5）台灣經濟發展係賴中小企業，論者以爲今日出口困境應發展大貿易商，個人以爲不可全盤抄襲日韓，蓋有堅實的中小企業，才有穩固的中產階級與社會，惟需運用高科技強化產業群聚與異業策略聯盟。（6）總體而言，台灣對外經貿體制更國際化與自由化，有利企業之發展，除可改善投資經商環境，並無懼於區域經濟整合之威脅；可惜並無具體時間表，政府應朝更開放社會施政，既有黃金十年規劃，成功與否端賴強而有力的團隊有效執行而矣！

（原載工商時報【政經八百】2013.2.7）

# 21. 兩岸共存之道 競合人民福祉

黃任佑
淡江大學兼任助理教授、前經濟部駐外商務人員

在疫情持續發燒下，花蓮太魯閣號意外事件逐漸淡化出媒體。但個人對李登輝前總統名言「民之所欲，常在我心」，卻思之再三。所謂「民之所欲」定義爲何？其道爲何？就執政黨亟欲加入之聯合國，在其世界人權宣言第三條卽明言：人人有權享有生命、自由和人身安全；可見民之所欲最基本的乃是生命、自由與安全。再證之西方知名需求理論馬斯洛所提倡之人類基本的需求爲生理與安全，逐次提升到尊嚴與自我實現。總之歸根究柢，人心最基本的需求應爲生存、安全與自由。最易顯示在食衣住行育樂等方面，然近幾年來民之求似乎愈來愈難以滿足符合廣義的甚至狹義的定義。

由前述而論，現階段施政團隊，在控制疫情方面相對其他先進國家，確有勝出，只是仍有諸多可議或提升空間，特別是限於國際政治現實，重中之重則爲來自對岸之施壓，然此非今日始。無論如何，兩岸應將人民安全福祉列爲施政第一順位，不只短期內，亦應爲中長期政府基本之政策目標。現施政團隊在對岸施壓下，凸顯台美密切關

係，是否正確？屬見仁見智問題。雖報載本年 3 月 11 日所發表「台美防災救援倡議活動：宣導教育—建立韌性—採取行動」聯合聲明，值得肯定，但是否持續刺怒對岸敏感神經？若無絕大多數人民共識，勢需執政團隊發揮智慧，採取對全民最有利決策。

記得蔡總統首次就職演說之表態，希望執政團隊謙卑、謙卑、再謙卑；要務實腳踏實地爲老百姓服務。但進入第二任期仍掌握絕對多數民意基礎執政下，在花蓮普悠瑪火車意外後，再現太魯閣號重大事故。誠讓人痛心！另方面，在疫情肆虐而大陸與美國爭鋒之際，台灣動見觀瞻，實有必要針對施政團隊施予再教育，凡事確實檢討貫徹初衷。過往台灣成功發展經驗，仍有可保留學習之處，而學習對象存在於各行各業。就個人學習歷程，教育界頃過世之淡江大學第二任校長陳師雅鴻，乃是不可多得的典範。

陳師早年公費留學西班牙，攻讀國際法獲國家博士學位後整裝返國任教。曾任西語系系主任、訓導長、文學院長，最後出任校長。陳師爲人謙卑不事矜誇，對非專長外語及其他領域，尊重專業，盡顯內斂。畢生奉獻於教育事業，致力培養國家政府所需西語人才，歷經五十載身教立言，可謂桃李滿台灣並及於拉美西國僑界。

可見教育爲最重要施政之一環，一國一組織如出問題，往往可從最細微處窮其因，而教育人民如何謙卑學習，嚴謹探討，擇善固執，正是改變人民福祉不二法門。猶記得四十年前入公部門受訓期間，當時新聞局副局長戴瑞明先生表示：兩岸競爭的是以不同的生活方式，何者讓人民生活較好。近四十年過去，三民主義雖沒統一中國，孫中山先生卻得到對岸的肯定，且兩岸似已主客易位。教育人民，飲水思源，誠不重哉！

以兩岸現階段經濟社會緊密之關係，台灣對大陸經貿人力之依存度再也回不到反共抗俄時代，而最終此種無法割捨的局面，或許只能在競合中提升各自人民福祉上見真章，逆勢而上不如順勢而爲。

（原載 2021.05.04 工商時報「名家廣場」）

# 附錄 1 台廈自由貿易示範區芻議

7-9/11/2013 以金門縣政府工策會委員身分參加廈門市委台辦舉辦之「台灣廈門自由貿易示範區研討會」發言參考稿如下：

## 一、臺灣自由經濟示範區規劃

爲突破臺灣經濟發展困境，現階段推動設立自由經濟示範區應是朝野共同願景且刻不容緩的工作。惟個人認爲台灣仍須全面加深自由化，方能提升臺灣之競爭力。其中首要提升經濟自由化，應檢視三個不同的層次；首先可藉鏡「美國傳統基金會」每年發布之經濟自由度指數評價的 10 大類 50 個指標。在該基金會年度報告中完全自由化國家或地區 2012 年前五名依序爲：香港、新加坡、澳洲、紐西蘭及瑞士，台灣遠落居第 18 名。分析該 10 大類評比項目，顯見政府在貿易、財政、經濟事務、資本流動和外資、銀行金融貨幣、工資物價產權、以及市場活動干預爲主要關鍵；換言之，經濟自由度指數與金流、物流、商流之自由化息息相關。其次考量台灣與前五名完全自由化經濟體，其經濟發展的同質性與異質性，台灣應尋求出不同的經濟發展模式與定位；以海西快速的變革及發展，台灣或許應以分工補位爲定位。實際上，透過「離島建設條例」，已開啟金門免稅島及馬祖發展博奕休閒區的規劃施行，可視爲自港區之試金石。

除自經區設立應儘速擬訂通過特別法外，在策略規劃執行上個人淺見如下：

（一）台灣已進入立特別法階段，應尊重各區不同發展利基，多授權各相關決策單位權限及吸引民間投入；

（二）定位既爲自由經濟示範區，在經濟上無論立法或執行上應走向完全自由化爲目標，應提供物流自由通關及人流出入境便利的服務（如免簽證）；

（三）就知識經濟及科技的發達而言，在智財及知的權利上已無疆界，而海島型經濟的發展，雖然可能受限於水、電、土地、通訊、交通等公共財之稀有性或高成本，但其更具可控性，應更可往高值化服務業發展。

## 二、六海一空政策及對兩岸區域經濟合作的影響

臺灣推動「自由經濟示範區」（第一階段「六海一空」）之政策爲：0 限制經商環境（法令鬆綁，人流、商流、金流、資訊流自由化）、1 窗口（招商服務中心 02-2311-2070）、2 階段（「自由經濟示範區特別條例」立法通過前後）、3 理念（自由化、國際化、前瞻性推動理念）、4+N

產業（優先發展智慧運籌、國際醫療、農業加值、產業合作，先虛後實如金融服務業）、5 策略（促進人物金自由化、開放市場接軌國際、打造友善租稅環境、提供便捷土地取得、建置優質營運環境）、6 效益（促進民間投資、增加 GDP、創造就業機會、自由港區貿易值倍增、創造融入區域經濟整合條件）。※「六海一空」：臺北、臺中、高雄、基隆、蘇澳、臺南及桃園。

依據相關單位蒐集到的資料顯示，民政部似正研擬的「直轄市擴容」方案，廈門市與鄰近的漳州市、泉州市已進行「廈漳泉」一體化工程，三個城市間城際軌道交通即將接通，面向台灣的廈門會是優先選擇，未來三合一大廈門市面積人口將達台灣四分之三，北京也將廈門列爲「兩岸金融合作示範區」；金馬離島如最終長期發展爲非軍事區（如瑞士國際中立），在人流、物流、金流、商流及資訊流（五流）完全自由化之下，將可成爲東亞高值服務業交流平台、兩岸人才培訓及資通訊共通規格新產品打入華人市場的練兵場。

對兩岸區域經濟合作的影響視兩岸官方及民間之作爲而定。

## 三、不同示範區的功能定位、發展方向和重點

在各區發展區隔上，臺自經區建議或可依地區與產業

定位分工如下：

（一）南區高雄台南應對港澳東南亞，發展製造業轉口、加工、倉儲、分裝、貿易及重工業爲主；

（二）中區台中彰化雲林應對海西，發展精密機械設備、民生化工及農產品加工轉運爲主；

（三）北區桃園台北新竹應對平津東北及東北亞，發展資通業及生醫應用產品爲主；

（四）離島澎金馬應對相關特區或實驗區，發展兩岸可合作之服務業與境外營運區，如觀光休閒、金融保險、人才培訓等爲主，甚至可作爲兩岸農漁產及食品研發、安檢、分裝、倉儲及轉口中心；

（五）東區則以全球華人深度觀光旅遊休閒（甚至身心靈修行體驗）及深層海水等替代能源產業開發爲主。

反觀大陸沿海各不同示範區，亦應依地區與產業群聚定位分工，而有不同的發展方向與重點。但應有共通性軟硬體基礎建設先行之策略思維。

## 四、新形勢下廈門與臺灣六海一空如何加強對接協作、深化經貿合作、協同發展

基本上，台灣（特別是離島）擁有優越的地理位置勿庸質疑，以經濟完全自由化程度最高的港、星、瑞士及西半球最大巴拿馬箇朗自由貿易區來講，除需有堅實的硬體基礎建設外，完備的軟體設備，優惠稅制及周邊服務業亦

不可或缺，甚且還有其他有利的發展條件或環境，如：政治穩定發展、外幣及外語通行無礙、通訊網路及民企營運便利等。現階段除台灣本島已入選規劃之「六海一空」及屏東農業生技園區外，在不需特別立法情況下，離島也可依有關建設條例，最適合先行作爲海島型經濟體完全自由化的示範區，而配合海西區之發展，無自經區其名亦有其實矣！

新形勢下廈門或可有下列作爲：

（一）瞭解確定自身定位、發展方向與重點——定位爲對接臺灣示範實驗區，應爲發展方向與重點。

（如特定兩岸農漁產及食品研發、安檢、分裝、倉儲及轉口中心）

（二）建構「五流」軟硬體之有感發展環境——讓臺灣民衆感受「賓至如歸」的「無障礙」空間。

（服務業與境外營運區，如觀光休閒、金融保險、人才培訓等）

（三）結合廈門利益與臺灣利益創造雙贏局面——與金馬澎湖先進行實質合作出發，延攬臺產學研相關領域專家參與。

（以大帶小、產業群聚、資通訊 ICT、醫療照護、雙贏合作）

## 五、爭取建立自由貿易區聯盟聯絡機制和達成自由貿易區建設共識

Just do it！

現階段建立共識應瞭解之主客觀環境因素：

（一）就經濟面而言，除宥於政治的現實面，現階段兩岸雖有經濟合作架構協議，在貨貿、金融、交通、觀光、投資等等已有相當的進展，但對陸資來台，甚至剛洽簽之服貿協議，台灣內部尚無明確共識。是否誠如台灣某教授級知名出版業者表示的：台灣要有自信、大陸要有誠信、兩岸應該互信；或許也是兩岸經濟競合中如共同制訂遊戲規則時須有的心態。

（二）就社會面而言，從小三通、開放赴陸投資、輔導海外台商；另方面，允許陸客陸生來台、大陸配偶在台居留工作、特別是持續放寬各地陸客訪台旅遊；兩岸雖同文同種，但從社會發展背景、自然人文環境等因素考量，如對大陸無限制開放與交流，台灣或將有不可承受之重。但在世界逐漸變成地球村，無論是生態或文化與科技的發展，兩岸走上互補互惠互利之路，應爲有識之士發揮仁愛樂於爲之。

（三）就傳播面而言，沉默者總占大多數，以臺灣政治生態、行政系統、媒體導向及存在各行各業之競爭，兩岸人民由於接觸頻繁，無論在食安、疾病、訊息等之傳播，可謂一日千里、無遠弗屆，但總是負面作用居多。或

需從教育著手，自家庭、學校、企業、社會等逐步或全面性為之。

（四）就執行面而言，徒法不足以自行，千里始於足下，好的政策也要有好的團隊去執行。實際上，兩岸在競合關係上雙方應已充分瞭解，但溝通協商之前，兩岸似尚未建立起溝通協商順暢的機制。另方面，兩岸雖能異中求同，但更應互相尊重並積極釋放善意，若能「嚴於律己、寬以待人」，除嚴格執行各項協議承諾外，更應為兩岸人民謀求更大的福祉，其中不僅包括物質生活，也需照顧到精神需求甚至於感受。

總之，兩岸現階段競合關係中之理想，或有賴雙方領導人及執政團隊與有識之士發揮「智、信、仁、勇、嚴」之精神去落實，始克能為兩岸開展出一番新局面，吾人拭目以待。

# 附錄 2 拉丁美洲政商關係與區域發展——以巴拿馬為例

黃任佑博士淡江大學美洲研究所兼任助理教授

## 前言

以一般系統理論看全球和平與安全議題，毫無疑問，甚多因素錯綜複雜，如欲執簡馭繁，其中關鍵因素應離不開全球政經大國扮演的角色，及其對區域發展之影響。現階段拉丁美洲在全球和平與安全議題中，雖非居關鍵地位，但在美中兩強對地區發展之角力上，仍值得吾人重視。本文擬從拉丁美洲政商關係與區域發展之研析，以動態系統理論爲架構，透過巴拿馬個別國家案例，提供給有意者作爲相關議題研究之參考。

## 一、巴拿馬政商關係分析架構

巴拿馬政商關係分析首先吾人以動態系統理論 Dynamic System Theory 探索巴拿馬國際地位，將涉及：（一）巴拿馬與國際組織（外交關係、政策與實質利

益）；（二）巴拿馬各項政經社指標—國力分析；（三）巴拿馬經社發展背景分析（黨政與政經體制）各階段；其次以 SWOT 分析巴拿馬主要企業發展現況，將觸及：（一）巴拿馬主要經濟骨幹；（二）巴拿馬家族企業與產業關聯性；（三）巴拿馬主要工商團體及工商領袖解析；再者以路徑分析法 Roadmapping 歸納巴拿馬黨政經關係網絡，將涵蓋：（一）巴拿馬黨政經關鍵人物；（二）行政立法司法與財經互動關係；及（三）地方政府與公共建設。最終至少可得出下列結論：（一）國際政商關係與巴拿馬產經發展；（二）巴拿馬政商網絡之關鍵人物；（三）如何運用巴拿馬政商網絡加強台巴關係。

## 二、從與國際組織互動研究巴拿馬在區域發展地位關鍵

在前述探索巴拿馬國際地位三要項中，巴拿馬與國際組織之外交關係、政策與實質利益，需釐清巴拿馬與：聯合國及安理會、國際貨幣基金會及世界銀行、經濟合作與發展組織、及其他重要全球性國際組織，如：世界衛生組織、世界海關組織、國際海事組織、國際刑事警察組織等之關係。另巴拿馬與地區性聯盟之關係也不可忽視，例如：美洲國家組織、北美自由貿易區、歐盟、中美洲經濟整合銀行 BCIE / CABEI、美洲開發銀行 BID。又巴拿馬參與全球或區域性重要公約協定情形亦值得重視，如：聯合

國氣候變化框架公約的京都議定書、非核子擴散公約、巴塞爾公約（BASEL II）、智慧財產權公約等。

很顯然，由於台灣非屬前述官方之政府間國際組織成員，在此等國際舞台，台巴難有互動機會。倘以各項政經社指標分析國力或國家競爭力，較客觀之方式爲透過知名國際組織發表之評比報告進行瞭解，如：IMF、WB、.IMD、BERI、EIU、WEF、ESEADE 等，及相關之國際指標，如：經濟自由度、貪污指數、貧窮指數、新聞自由度、法治有效度等。最後對巴拿馬政府發布有關的股市及總體經濟指標當然也需予以關注。有關巴拿馬經社發展背景分析，除需瞭解巴拿馬經社發展階段之經濟理論與經濟計劃及經濟與社會發展之連動外，對包括執政黨黨綱與國家經社發展及黨魁、國家元首、經社發展之巴拿馬經社發展的政治面，亦應予以解析。

## 三、巴拿馬主要產業經濟與企業發展剖析

在以 SWOT 分析巴拿馬主要企業發展現況中，巴拿馬主要經濟骨幹勢必論及：巴拿馬運河（應涵蓋歷史現況與擴建、運河與國際貿易、運河外交）、巴拿馬國際金融中心（應與其扮演賦稅天堂角色及其金融合作、外銀及國銀有關）、箇郎自由貿易區（爲西半球最大全球僅次於香港、及其與自由貿易協定關聯、並探討其進出主要產品及地區、演變及展望）、營建業（辦公大樓與住宅、獎勵措

施、退休移民）、觀光事業（需分析其天然資源與政策、博奕業、會展、郵輪、發展現況與展望）、大眾傳播媒體及其他次要產業（如農林漁牧、製造業/紙箱、外貿與外資、電力、通訊、中小微企業等）。

至於巴拿馬家族企業與產業關聯性，首需瞭解巴拿馬主要家族企業與企業家族，就中下列巴拿馬10大企業家族最具政商影響力，甚至跨越黨派與世代：Motta、Vallarino、Lewis、Melo、Arias、Durán、Eleta、Eisenmann、Varela、Alemán，另Arosemena、Fabrega也不可小覷。另需進一步瞭解巴拿馬主要家族企業之所有權與經營權，如Melo家族企業有食品與貿易次集團，同時亦需瞭解其營運現況。在家族企業與產業關聯性剖析時，對巴拿馬主要產業之旗艦企業分析（亦即巴拿馬主要產業與旗艦企業、旗艦企業之主要股東分析）、巴拿馬家族企業與產業關聯性（主要產業之旗艦企業交叉持股分析、企業家族與主要產業布局分析、主要政經家族之企業裙帶關係），也需涵蓋在內。

有關巴拿馬主要工商團體及工商領袖解析，至少需觸及：1.巴拿馬主要工商團體——含（1）主要工商團體重要事蹟沿革：農工商總會（Cámara de Comercio, Industria y Agricultura）、企業經理人協會（APEDE）、工業總會（SIP）、出口商協會（APEX）、營建業公會（CAPAC）、私人企業理事會（CONEP），（2）主要工商團體領袖人物，（3）巴拿馬外國雙邊工商組織發展現況；2.巴拿馬主要工商團體與政府互動——含（1）主要工商團體對政府施政影響力，（2）產官學研之互動，（3）主要工商團體年度重要活動及其重要性；3.巴拿馬主要勞工組織及領導人物——含（1）巴拿馬主要勞工組織及領導人物簡析，（2）主要勞工組織與政府及資方團體之互動；及 4.巴拿馬過去現在與未來之工商界關鍵人物。

## 四、巴拿馬黨政經關係網絡探討重點

有關巴拿馬黨政經關係網絡，在（一）巴拿馬黨政經關鍵人物部分，可從：1.政黨政治與中央政府之（1）政黨輪替與政策延續性與（2）總統大選與財團勢力消長著手；2.政黨靈魂人物之（1）巴拿馬政黨及創黨人簡介、（2）巴拿馬主要執政黨及其政績、及（3）下屆大選各角力政黨及領導團隊分析；3.政府核心人物方面之（1）目前巴拿馬政府核心人物（重要閣員、酬庸高官、第一夫人）、（2）與核心人物相關重要組織及關鍵人物、及（3）由政府預算與施政重點看政治人物行情；以及 4.既得利益集團代表主要產業及利益之（1）商界人物從政實錄、（2）政治世家之生意經、及（3）教會扮演角色分析。在（二）行政立法司法與財經互動關係部分，則從：1.政黨與國會之（1）國會黨鞭與國會運作、（2）政黨推動民生法案策略與行動；2.立法司法行政三權實際關係之（1）立法與行政、（2）立法與司法、及（3）司法與行政三權分立三角關係著眼；3.政府採購與工程招標之（1）政府採購法與政府採購、

（2）工程招標與實際執行情形、及（3）自由貿易協定與政府採購；4.對外關係與外國援贈之（1）巴拿馬與國際組織互動關係、（2）巴拿馬與各主要國家相互合作關係、（3）巴拿馬接受國際援贈機制與近況、及對台灣而言（4）外國之間互動影響臺巴之關係可能性。至於（三）地方政府與公共建設部分，端視：1.中央集權與地方分權及2.公共建設與地方發展。

## 五、巴拿馬政經關係與區域發展關聯實證

（一）從地緣政治審視巴拿馬，係介於中南美洲交界處，除積極活動在國際舞台上，巴拿馬亦採取不偏左右的國家利益至上的外交政策，此對其在自美國手中收回運河營運管理權更是如此；其中還利用靠首都之運河歸還區原美國南方軍區司令部成立「智慧城」（Ciudad del Saber），吸引國際組織及跨國企業設立區域總部。另方面，巴拿馬近一、二十年來之經濟發展表現不凡，經濟成長率在拉丁美洲各國中且名列前茅，對其在國際與地區形象加分不少。

## 結論

從上述分析架構及探討，可歸納出：巴拿馬自 1989 年美國入侵並逮捕軍事強人諾瑞嘉，解散軍隊還政於民，歷

經二十餘年實施民主政治，政治穩定、經濟繁榮，造就巴拿馬國內之家族企業或企業家族極具政治影響力的財團，以及對外成爲地區性強國，其實證爲巴國曾任聯合國安理會非常任理事國，並爲衆多國際組織地區總部，且爲跨國企業及甚多兩岸三地廠商（包括長榮海運與兆豐銀行、黃埔和記、中遠集團及華爲等）之經貿金融、運籌物流、會展轉運、船舶登記等的營運中心，對中美洲地區之安全與和平有傑出之貢獻；相對地，與兩岸亦保持友好關係，惟對我外交關係是否存在變數，雙邊與多邊關係在今年大選後，很可能進入一個新的階段；或許從本文分析架構可見端倪，也可瞭解未來可能變化或如何因應之脈絡。

（原文登載於「當前世界和平與民主的發展——大學生應有的認識」，淡江大學國際研究學院、時英出版社，民國103.07，頁 79-86）

# 附錄 3 兩岸經濟競合與外交角力

淡江大學美洲研究所兼任助理教授黃任佑

在 2014 年 12 月下旬國人正處於九合一選舉結束，民進黨幾乎高票攘括五都及入主大部分縣市政府之震撼中，實際上更應讓國人震撼的應該是兩則攸關兩岸經濟競合與外交角力的國際新聞。其一為大陸銀彈外交以近 450 億新台幣協助東南亞；其二為中國投資 450 億美元在尼加拉瓜蓋貫通兩洋大運河。前者東南亞國協在今年將成為共同體，台灣雖在區內無邦交國，但近年來東協已成台商及歐美日韓官方與企業必爭之地；後者雖為美國後院且為台灣外交重鎮（台灣一半以上邦交國在拉美加勒比海區），但尼國奧得嘉 Ortega 桑定政權首次執政時曾與大陸建交過，現又期待重溫舊夢，甚多拉美邦交國亦向中國示好。基於中國大陸之全球政經大戰略布局，雖美國積極在亞太地區推動 TPP 及後院睦鄰政策（包括最近與古巴關係解凍），對即將或已成世界第一經濟體之中國而言，未來恐不利兩岸經濟合作及外交休兵。

眾所周知，兩岸在馬英九繼陳水扁出任總統後，執政國民黨在九二共識及「不統、不獨、不武」三不政策下，兩岸外交休兵並積極推動經濟合作及各項交流，迄太陽花學運發生後大部分始進入停置階段，而九合一選舉結果出來後恐要進入重新盤點期。據媒體報導，大陸國家主席習近平 2015 元旦致詞，側面瞭解並未強調兩岸關係，除可能受台灣選舉結果影響其定調外，個人管見以爲大陸目前對外似以全球戰略布局爲先爲重，如套以往民進黨或在野人士之兩岸關係可從世界走向大陸，未必要從大陸走向世界之說法；大陸或許也習得從世界走向台灣的策略。令人深思地是近二、三年來，大陸國台辦與海協會及各省委書記與省長級人物訪台，似奉行前執政黨所提或推動之「三中政策」（即協助中小企業、中南部及中下階層）。此變相之「安內攘外」，對兩岸經濟長期而言恐將不利合作且更加劇競爭；同時對台灣外交格局亦將有重大衝擊。

在前述國際、區域及兩岸關係可能丕變下，台灣雖說不上有極度嚴重之內憂外患，但以朝野黨派不同心，對國家發展前途方向無共識情況下，經濟短期既不能脫離對中國大陸之依存，外交在可見的將來亦有可能動搖半壁江山，勢需走出一條不一樣的路。首先須有最壞的打算，亦即生存（主權尊嚴、自我實現）之危機意識，全國上下都在一條船上，應有共存共榮、榮辱一體之決心（對照南韓似乎比我們強）；其次依照 PEST 分析法，在相對大陸政府國家無正式外交關係上，從經濟、社會與科技領域，應開放、引導、鼓勵民間企業發揮實力廣結善緣，增進國際關係（特別是更需善加利用科技力以突破現況困境）。個人曾深思台灣現階段經濟發展策略，似應與大陸逆向行駛或反其道而行，亦即大陸在做強做大財大氣粗之時，台灣

應該從小而美、追求精神生活、重視環保生態及理性發展的正道，不但須尊重愛護自然環境，更能體現人文素養至善境界，一切政經社發展藍圖與策略應該以此爲依歸。

台灣過去追求經濟成長對社會及環境造成的破壞已無法復原，但以現今之世界科技與文明，在能合理享受物質生活的同時，全民一心共惜同船渡，使台灣達到天下爲公的理想應有可能；屆時大陸人民亦嚮往之！而倘欲習之，惟有以地方區域型態方能近之！屆時兩岸和平相處或能如孔子所云：吾道一以貫之！

（此稿件爲 2015 之前感慨台灣現況窘困所撰）

# 附錄 4 拉美式民主有利人才養成

在 2014 年選出新任縣市長後，報載台中桃園新首長向高雄台南市政府借將，顯示民進黨黨內人才不足或仍有其局限性。其實，在民進黨第一次取得中央執政權時，即已顯示民進黨內政務官人才庫之欠缺，特別是在財經領域，而更嚴重者可能爲嫻熟國際與兩岸經貿策略及實務人才；凱達格蘭學校在陳水扁前總統入獄及 2012 年大選民進黨再次失敗後似未能賡續相關人才培訓，更遑論此方面人才之培養儲備。面對 2016 年可能贏得再次執政之機會，恐需未雨綢繆！擴而言之，台灣最欠缺人才的應該是政府部門。近期而言，在馬總統就任後，除透過國共兩黨搭橋，由連戰與吳伯雄兩位黨內大老牽線外，隨後在歷任經濟部長蕭萬長與江丙坤先生等人努力下，除兩會能更順暢運作互動外，一系列經貿等合作協議方得以談判簽署。前經濟部長外貿協會董事長王志剛先生獲頒景星勳章，大部分應歸功於配合馬總統推動兩岸經貿關係之貢獻，但也可能爲兩岸經貿合作關係進入另一階段劃下休止符。

台灣爲何最欠缺人才的是政府部門？個人認爲最基本的原因在：畸形政治體制下政務官不受立法部門及社會媒體的尊重，縱然有少數有使命感學者入仕，但企業界人士顯然不願屈就或因在企業界更能發揮所長與抱負；再者東

方偏向父權的老人政治生態亦不利年輕世代及女性出人頭地。此等原因倘深究根本可能與台灣政治體制、已趨僵硬的官僚體系、民主化發展程度及社會文化與教育制度內涵息息相關。在現今科技發達資訊爆炸時代，全球正負面能量互相衝擊瞬息萬變，台灣要長治久安甚至勝出於國際之間，唯有培養人才、善用人才、保有人才；正如俗云人盡其才，聖賢才智平庸愚劣皆有所用方爲正道。

個人過去常年服務遊歷於拉丁美洲等西語系國家，近距離觀察拉丁美洲經貿民主發展，發現下列與亞洲四小龍及中日有若干不同之處。首先，政治穩定當然有利經濟發展，在民主日趨成熟定期大選已成社會常態，在換黨執政時絕大多數政務官亦同時更迭，顯示不乏人才，亦在培養人才，其中上至總統下至甚至國立大學校長均更換一新，雖有時被批評政策無持續性，但 40 歲左右能出任部長甚至總統亦所在多有。其次政商交流頻繁，甚至企業家當選總統亦有其例（如宏都拉斯、巴拿馬等）；當然是否在位者都是既得利益群體，不利貧富懸殊改善則是另外問題。另外，若干拉美國家大選前新舊政黨林立，選前合縱連橫選後利益交換或政治分贓，乍見之下雖無道義可言，但以利益爲依歸，乃有助於執政團隊凝聚力，甚且對執政核心關注重點及其輻射而出之地方建設有所助益，這也成爲我對當地關係拓展的重點對象。

以政務官培養爲例，記得民國 72 年個人考上經濟部駐外商務人員，接受半年訓練實習結業儀式上，當時經濟部王次長建煊期勉同期經貿新血在崗位上升任中高階主管時，要爲國家建立制度培養人才（時任國際貿易局蕭萬長局長亦在場）。實際上除少數外，歷任駐外商務人員出身經濟部部次長均能重視涉外經貿事務人才之培養（馬政府最後一任部長亦爲駐外商務人員出身現又被重用於國際經貿談判），而趙耀東部長更從晉用新進商務人員就加以重視。反觀拉丁美洲各國既無成熟的文官制度，又隨執政者個人喜好用人。以祕魯日裔藤森總統時代爲例，全國僅他一人爲政務官，總理及各部會首長僅能配合施政，雖爲另類民主獨裁，但朝野目標一致，行政效率極高，大部分執政期間仍有令人稱羨的政績。另以巴拿馬爲例，現總統巴雷拉與前總統馬丁內利開始參與大選係夥伴，但贏得選舉執政後卻因理念不同分道揚鑣，其中甚且牽扯與我外交關係，最終現總統在馬丁內利到任後角逐上位成功且維繫巴拿馬政經發展，亦無損巴拿馬國際地位；誠然媒體報導巴雷拉派遣曾在台學過華語年僅 24 歲華裔女青年林錦珍（Any Lam Chong León）於 2014 年 9 月出任駐中國新商務代表，實令台灣情何以堪；但如此年輕女性出任如此重要職位，·應有其特殊考量，亦顯示拉美式民主之不同。

當然台拉也有甚多不同之處，但以拉丁美洲民主政治之成熟度及其運作模式，特別在政務官等人才養成、政府執政黨依民主政治常軌正常輪替、朝野公私部門同心協力齊赴國事（如智利與薩爾瓦多可爲明證）、政府組織簡化再造與施政靈活度等亦有台灣可取之處。

（2015/2016 大選前撰稿）

# 附錄 5 教育是最好的經濟政策

黃任佑　經濟部前駐祕魯代表處經濟組組長
祕魯國立聖馬可大學企業暨會計學博士

"Educación es la mejor política económica."
Dr. Gregorio Huang（UNMSM）

爾來因兩事件，各界對台灣人才流失與教育問題再度引起熱議。其一爲拖延已久迄未解決的台大校長任命「卡管案」；其二爲大陸宣布所謂「惠台」31 項措施與蔡政府之因應對策。前者因制度問題，牽扯成藍綠對抗政治事件，後者則屬兩岸關係，亦屬政治層面之考量。實際上，兩者皆與教育及經濟發展有關，且冰凍三尺非一日之寒。雖教育制度出問題多年，但已非僅從教育層面可予以解決。

個人於 20 年前經濟部派駐祕魯服務時，曾協助國內安排留美知名經濟學者費景漢博士赴祕魯於工業總會百周年慶中擔任主要演講外賓。當時所謂台灣經濟奇蹟仍爲拉美人士所欽羨。記得演講後，與會人士曾問及台灣經濟發展奇蹟中政府之貢獻關鍵，或對企業界最值得稱道之處，費老答以：政府不要干預企業界之運作，讓企業界自由發揮最爲上策。誠哉斯言！

另個人於祕魯在職進修企業暨會計學博士學位，「大學問題」(La problemática de universidad)爲必修課程；曾看到一本相關書籍提到「教育是最好的經濟政策」。可見教育爲中華民國在台灣多年來立國之本，乃是毫無疑問。因經濟奇蹟的最主要內涵爲：台灣雖缺乏天然資源，但可歸功於重視人才培育成功的教育制度，此點亦爲各開發中國家所津津樂道，也爲台灣人的驕傲；曾幾何時，台灣之經濟成長已落後爲當初亞洲四小龍之末，這無疑和教育制度及政策未能與時俱進有關。

其中最主要問題可能出在政府（甚至熱心人士）干預過多，教改成齊頭式平等。過去優點未保留而缺點又增多（如對職教的忽視）。台灣經濟發展爲開發中國家（含以往大陸）之楷模，但教育方面，或可學拉美若干國家（如祕魯與巴拿馬）體制，教育部不負責督導大學之運作，而由各大學校長組成理事會採合議制之提供諮詢角色。個人懷疑台灣由某些國立大學校長出任教育部部次長是否能完全了解各個不同性質之衆多大學的問題。而今日強調的產官學研合作機制，在各公部門人才與預算有限情況下，是否足以帶動推進，亦存疑慮。

套一句孫文先生所謂其三民主義乃是取自中華傳統優良文化、學習歐美長處、加上其個人創見所成。故立院及教育主事者，應從法律面、體制面及政策面等，衡諸事實，揚長補短，予以立即全面檢討。對台灣人才培育及大學教育，應有更開放之作爲，某些方面甚且須更自由化（如勿以政治力干預大學之運作），應由市場機制取捨。另方面，應就紮根之作法與策略迅速予以回應。

# 附錄 6 中拉論壇在拉美之運作模式與對臺灣影響

與談人：黃任佑博士

## 一、中拉論壇之緣起及成立背景

據北京周報 2015.1.6 登載中國網「中拉論壇介紹」，「中拉論壇」從無到有，離不開習近平的推動。在「中拉論壇」建立之前，中國相繼與非洲國家、阿拉伯國家和東盟（協）國家建立中非合作論壇、中阿合作論壇、中國——東盟（10＋1）合作機制。設立一個中拉論壇的呼聲，在十幾年前就已經出現。2011 年 12 月拉共體（在委內瑞拉）正式成立後，將發展對華關係放在優先的地位，為建立中拉論壇提供一個契機。2012 年 6 月中方領導人就開展中拉整體合作提出系列倡議，得到積極響應。同年 8 月，中國同拉共體「三駕馬車」（即現有「四駕馬車」的前身）外長建立定期對話制度。2013 年，中拉論壇取得了實質性進展。借助多次會晤，習近平和拉美國家領導人就推進中拉整體合作深入交換意見，商談建立論壇的事宜。2013 年 6 月，習近平訪問拉美。他在墨西哥參議院發表演講時表示，希望中拉雙方共同努力，早日建成中拉合作論壇。在 2014 年 7 月，習近平訪問拉美四國，在巴西利亞舉行歷史性的首次集體會晤中拉領導人，建立平等互利、共同發展的中拉全面合作伙伴關係，宣布成立「中國——拉共體論壇」並盡早舉行論壇首屆部長級會議。

在此之前，百度發布有關此論壇的基本信息指出：國家主席習近平 2014 年 1 月 30 日分別致電拉美和加勒比國家共同體（拉共體）上任輪值主席國古巴國務委員會主席兼部長會議主席勞爾和現任輪值主席哥斯達黎加總統欽奇利亞，對拉共體在古巴成功舉行第二屆峰會並通過關於支持建立中國——拉共體論壇的特別聲明表示祝賀和讚賞。習近平表示該聲明表明拉美和加勒比各國對加強中拉整體合作有共同願望，有利於提高中拉關係水平。中方願同拉方繼續努力，積極推進中國——拉共體論壇籌建進程，爲推進平等互利、共同發展的中拉全面合作伙伴關係搭建重要平台，更好造福中拉人民，爲促進地區和世界和平與發展作出貢獻。

2014 年 7 月 17 日習近平在巴西首都前述中拉加勒比領導人會議上發表〈努力構建攜手共進的命運共同體〉的主旨講話指出「1＋3＋6」的合作框架，著力打造中拉攜手共進的命運共同體。在中拉政治合作不斷加強的前提下，雙方經貿合作也在不斷深入，包括雙邊商品貿易、中企在拉美投資；前者中國爲南美諸大出口國之第一、二位目的國，後者則投資規模與領域也不斷擴大，涉及農業、礦業、石化、家電、通信、航空等。百度也指出，除了經濟上的互

補性，大部分拉美國家也都是發展中國家，中拉雙方具有很多的相似和共同點，可以在治國理政、社會保障等方面進行更多的經驗分享，亦即深化合作攜手併進。

由前述「中拉論壇」成立緣起與背景，可知有其時機性與戰略意涵；至其涉及領域與對象，更較往昔全面與兼具針對性。

## 二、中拉論壇在拉美之運作模式

「中拉論壇」（全稱「中國——拉美和加勒比共同體論壇」CHINA CELAC FORUM/Foro China CELAC）首屆部長級會議在 2015 年 1 月 8-9 日在北京舉行，會議主題是「新平台、新起點、新機遇——共同努力推進中拉全面合作伙伴關係」。中國和拉共體成員國及地區組織外長或代表、中方相關部門負責人等 500 餘人出席。習近平與拉共體輪值主席國哥斯達黎加總統索利斯、候任輪值主席國厄瓜多爾總統科雷亞、拉共體「四駕馬車」成員國巴哈馬總理克里斯蒂，以及委內瑞拉總統馬杜羅共同出席開幕式。習近平並發表題爲〈共同譜寫中拉全面合作伙伴關係新篇章〉。

由中國外交部網站「中國——拉共體論壇」網頁得知，該論壇主要機制包括：部長級會議、國家協調員會議、中國——拉共同體「四駕馬車」外長對話會、中拉論壇司長級磋商、專業領域分論壇（含農業部長論壇、科技創新論壇、企業家高峰會、智庫交流論壇、青年政治家論壇、基礎設施合作論壇、民間友好論壇、政黨論壇）。其機制類似或接近亞太經濟合作會議，也把臺拉過去及現階段合作模式重點攘括進去。在該網站 2015.7.8 登載之中方后續行動委員會成員名單中，中共中央台灣工作辦公室名列於外交部及中共中央對外聯絡部之後的第三位，可見中方之居心；後續行動委員會並設有祕書處。前述單位應已網羅中央所有相關部會高達 40 個。

相關網頁有拉共體輪值主席國簡介（2016.3.22 多明尼加、2017 薩爾瓦多。按：第二屆中拉論壇部長級會議 2018 將於智利舉行）、拉美及加勒比縱覽（含拉共體 33 個成員國簡介、拉美和加勒比地區組織簡介），相關連接則有中國國務院部門網站之外交部、國家發改會及商務部，以及中國駐拉美國家（21）使館，聯絡窗口設於外交部。

2015 年 1 月，李克強在會見拉美國家出席「中拉論壇」首次部長級會議各代表團團長時曾表示，中拉要創新合作思路，推動貿易投資、金融等領域合作，把資源優勢轉化爲產業優勢，促進中拉務實合作轉型升級。其二，努力實現全球分工體系中產業鏈的互補融合。中國正從全球產業鏈的中端向高端邁進，拉美在中國外交中由此有了新的定位。巴西、哥倫比亞、祕魯、智利四國是拉美最發達的國家，然而也面臨基礎設施升級換代的歷史任務。「中拉論壇」首次部長級會議將基礎設施合作列爲今後雙方合作的重點領域之一。

有鑑於此，中國商務部有意利用「第六屆國際基礎設施投資與建設高峰論壇」拉抬首屆「中拉基礎設施合作論壇」，相對地，在邀請拉美和加勒比國家政要與會更能彈性安排，而同時應該也能慮及李克強總理出訪南美四國之牽拖效應，亦卽將不同國家重量級代表安排於不同場合，亦彰顯個別之重要性。儘管在事前之新聞發布表示相當多國家及政要代表與會，但最終顯然未如預期，報導指出2015年6月4日來自拉丁美洲及加勒比地區13個國家的19位副部長級代表、國際金融機構和承包商高管1000餘人出席。商務部國際貿易談判副代表張向晨、巴哈馬副總理 Brave Davis出席論壇並致詞，我邦交國多明尼加共和國政府民航總局局長 Marcelino Alejandro Herrera Rodriguez 亦與談。此外，哥斯大黎加副總統亦率團出席。

今（2017）年6月1-2日第三屆「中拉基礎設施合作論壇」在澳門成功舉辦。中國商務部副部長兼國際貿易談判副代表俞建華、與我邦交國薩爾瓦多公共工程交通住房與城市發展部部長 Gerson Martinez 致詞。論壇分主題論壇、拉美和加勒比國家基礎設施與產能合作項目推介對接會兩環節。來自薩爾瓦多、牙買加、蘇里南等 8 個拉美和加勒比國家的10位部長，世銀、亞基投行（AIIB）等多邊開發機構，以及中國外交部、商務部和中拉基礎設施合作各領域的代表逾 800 人出席。出席本屆論壇的中國政府拉美事務特別代表殷恒民指出：拉美國家廣泛與會，充分證明了「一帶一路」倡議的開放性、國際性和包容性。「一帶一路」倡議爲中拉加強基礎設施等領域合作，提升互聯互通水平擴展了新視野。薩爾瓦多 Martinez 部長表示，各方需要打破國際界限，進一步融合，在基礎設施方面加強交流和項目合作，加強互聯互通和邊境的融合，減少因爲基礎設施在應對極端現象時的錯位性來提升交通的條件。此講詞除呼應中方外，似意有所指。

另外，中國社科院拉丁美洲研究所副研究員謝文澤表示，南美洲基礎設施一體化倡議是中國與拉美地區基礎設施合作的重要平台之一，內設成員國協調委員會、融資協調委員會、工作組、祕書處等機構，目標是實現南美地區的交通、能源、通信一體化。成員國協調委員會下設多個工作組。鐵路一體化工作組分爲多個工作小組，其中，安托法加斯塔（智利）——帕拉那瓜（巴西）兩洋鐵路通道小組涉及智利、阿根廷、巴西及巴拉圭（我邦交國）四個國家，已完成該鐵路項目的可行性研究。

由以上觀之，中共對拉美關係透過相關論壇更深入更緊密，無論長短期對台灣而言均甚爲不利。

## 三、中拉論壇對臺灣之影響

據新華網 2015.1.9 報導【「數」說中拉合作：「一株嫩苗」將怎麼成長？】登載新華社幾位記者的聯合撰稿，以一組數字來看，其中創造多個 1 的紀錄，意味著一個新的開始。達成「3」個成果文件：〈中拉論壇首屆部長級會議北京宣言〉〈中國與拉美和加勒比國家合作規劃（2015——2019）〉〈中拉論壇機制設置和運行規則〉。報導引述哥斯達黎加外長岡薩雷斯評價：這三個文件體現了務實，並不是傳統意義上

的寬泛成果。另含中拉合作的「3」大引擎（貿易、投資和金融）。習近平對合作原則、目標、方式與精神的「4」個堅持。未來「5」年規劃亮點，且習近平提出中拉「五位一體」新格局，中拉不只互爲經濟伙伴，更是政治、經濟、人文、國際事務、整體合作等各方面的命運共同體，得到拉美領導人支持。此論壇部長級會議離這一機制誕生只 5 個多月。確定了 13 個重點合作領域等。今後 5 年邀請 1000 名政黨領導人訪華，10 年培訓千名中拉青年領導人。5 年內提供 6000 個政府獎學金名額，6000 名赴華培訓名額及 400 個在職碩士名額。加上過往 2、3 年中方高層提出的 5000 萬美元農業合作專項基金、10 年內貿易額翻一番到 5000 億美元、投資存量達 2500 億美元，以及 200 億美元中拉基礎設施專項貸款、100 億美元的優惠性貸款和 50 億美元的中拉合作基金，都是臺灣望塵莫及的（迄 2016 台對拉投資 375 億美元，賦稅天堂卽占 88%，雙邊貿易約 100 億美元僅占台外貿總額 2%）。

前述邦交國應邀出席相關論壇等活動且備受矚目與重視，無怪乎國內媒體（自由時報 2015.1.12）報導：中拉論壇宣言進行政治對話打臉馬政府。且指出臺灣友邦巴拿馬外交部於會議閉幕翌日隨卽以「拉共體與中國強化關係」爲題發表聲明指出「北京宣言」爲第一屆「中拉論壇」部長級會議畫下句點，該宣言將強化「拉丁美洲及加勒比海地區」與「中華人民共和國」間文化交流，建立雙邊共同利益。聲明引述巴國外交部副部長路易斯於北京會議的演說，路易斯並強調巴國總統瓦瑞拉，強烈希望下次中國與拉共體之間的會議，由「國家或政府首腦」與會，以便透過「最高層級」會面，在各類議程創造交流空間，此舉或許爲本年巴拿馬與中國建交之先兆，也可說明該論壇對臺灣之巨大負面影響或殺傷力。

另媒體（聯合影音 2015.1.15）報導，外交部長林永樂列席立法院外交及國防委員會，就「中國舉辦北京拉美合作論壇對我國與拉美加勒比海邦交國關係的衝擊與影響」進行專案報告。他表示我邦交國出席或基於積極參與 CELAC 機制，或尋求平衡貿易逆差等原因，向我詳細說明並請我諒解，且迭向我方保證此行純係以區域組織成員國身分出席國際多邊場域活動，遵守只談經貿投資不與大陸觸及雙邊政治議題的分際，不會影響與我友好邦誼。邦交國中巴拉圭、宏都拉斯及瓜地馬拉等 8 國派員出席（是否僅巴拿馬爲外交部派員待查），貝里斯及加勒比海的聖克里斯多福、聖文森及聖露西亞等 4 國則未與會。同新聞來源指出林永樂說，外交部將維持一定援外資源。近年我援外預算緊縮至 2014 年的 91.94 億美元，未來仍將在此一規模內，秉持「援外三原則」、透過各項援貸方案，以協助友邦民生基礎建設、國家生存發展、提升人民生活福祉等合作計畫，加強人道關懷及救援工作，使邦交國政府及人民充分「有感」，持續重視兩國合作關係。

## 四、臺灣面對中拉論壇之機會挑戰與機遇

前述吾人提及該論壇之時機性與戰略意涵，雙方合作規模與領域之全面性與針對性，對臺邦交國之吸引力無疑迄今已展現其成果。如以 PEST 分析法，相較兩岸不對等之政府組織架構與資源，再加上我方資源配置與策略錯位，未來臺灣與拉美和加勒比海地區，維持邦交將備受挑戰，如持續以往作法，除被對岸學走戰術戰技，而對岸又能有創新戰略，必將加速超越我方，結果我方將漸喪失友邦政府與人民信任，再者非邦交國又如何緊密所謂實質關係，以匹配臺灣之整體競爭力，有賴產官學研凝聚共識一起努力，善用海外台商資源必不可缺。

至於存在那些機會值得掌握勇於接受挑戰，拙見以為除全面檢討與友邦簽署之自貿協定改為深度經濟科技合作外，下列數端或可供思考：（1）與歐美日利益結合開發中美洲及加勒比海地區；（2）結合民間力量運用馬斯洛需求理論協助友邦改善教育及科技水平與國家競爭力；（3）推廣分享臺灣政治民主化、社會轉型正義及經濟自由化發展經驗；（4）大陸針對拉美和加勒比海區之經貿合作與投資有別於在歐美，主要透過國企央企的公共部門投入，（是否有資源掠奪、無法嘉惠大多數、不利中小企業發展），其偏差之處應為臺商機會。至於機遇應在該區轉變中之左派政權與新右傾國家之轉型罷！

資料來源：中國外交部及相關網站；【習近平鋪展外交重要布局——探論「一帶一路」與「三大論壇」】，中共研究雜誌社、當代日本研究學會

China’s President Xi Rolls out Diplomatic Arrangement – A Discussion of “One Belt, One Road” and the Three Forums of “China-CELAC, China-Africa, China-Arab States Cooperation”, August 31, 2017

Referencia de “STUDIES ON CHINESE COMMUNISM”, Vol. 51 No. 5, Septiembre 25, 2017, pp.74-80

# 附錄 7 見微知著是跨國企業內控與外稽的鎖鑰

黃任佑（前）群英企管顧問公司兼任顧問師
撰於兆豐紐行法遵案發生後

近幾月來國內媒體對產業界在海外投資表現討論報導最引人注目的，除鴻夏戀後續新聞持續發燒外，應屬台塑在越南越鋼投資與近月來之兆豐紐行與巴行糾葛之兩被當地政府因違規受處分案；後兩案引起之負面衝擊尤為企業界所關注。後者由於與執政黨之新南向政策有關，加之雲林縣（台塑六輕所在地）前縣長蘇治芬立委赴訪造成風波相關之連動，均有其深層意義。無論如何，以台塑及兆豐（含前身中國國際商業銀行）超過 30 年海外投資營運經驗，發生此等案件，實令人無語。

個人曾派駐巴拿馬兩度合計 7 年餘，跨越 20 餘年（其中包括在宏都拉斯 3 年及祕魯 4 年），接觸兆豐銀行及前身中國商銀在巴京與箇朗自由貿易區分行、長榮集團在巴公司、以及投資中南美洲及加勒比海台商甚多，除協助當地台商順利取得投資邦交國申請補助款多件，並從旁協助處理台商被綁架案，以及排除投資貿易障礙與糾紛等。對此次兆豐紐行被重罰案，就跨國企業海外投資事業單位之內控與外稽，見微知著，其發生實有其必然亦有其不必然！前事為後事之師，個人覺得可作為國內跨國企業及政府相關單位之警訊與決策參考。

兆豐紐行受罰案就法學實務觀點而言，論者以為係分行的風險量測和品質控管沒有符合要求，也就是沒有做到「法遵」，而延伸的討論則為公司治理與欠缺相關人才等問題。就政府主管單位而言，金管會前或現任相關主管均表示無法可管或監管；而報導指出行政院林院長指示已成立跨部會因應相關督導專案小組，正追究相關人員責任、追查從紐行匯出的可疑款項最終受益人或有無洗錢事實、兆豐收到美方金檢報告後有無妥善因應措施、以及兆豐是否有落實改善措施。就兆豐本身而言，雖立即有所因應採取召開董事會等措施，但論者以為在目前國內公司治理之特性，股東會、董事會及監察人等均無法發揮作用。本案就各方處理方式或建議而言，對國內跨國企業在海外投資營運實難有較佳之規範或助益。

兆豐銀行（MEGA ICBC）官股應係來自前身中國商銀（ICBC），職是之故，該行多年來亦肩負協助政府交付任務，其中是否有不值為外人道者不得而知，但個人就多年在海外接觸所知，巴京分行及箇朗分行大多存匯款等國際業務應均與紐行配合或透過該行與國內總行為之；其中除民間業務（含政策性融貸案），應該包括我政府各駐外單位與人員經常性匯存款、我國與各友邦合作計劃相關經費等。個人甚至曾協助解決中美洲投資台商與中國商銀融貸額度抵押問題。然不可諱言，個人在巴服務期間曾聽聞及親身經歷兆豐在巴箇朗分行被假運鈔車行騙及周末夜晚被從屋頂破屋闖入行竊，兩次均各達 200 萬美元以上，雖據了解該行有保險且每年營收可承受該等損失，但在短短幾年內相繼發生該等重大案件，且事後因應盡顯內部管理不善、內部人才或外部相關顧問人員不足等跡象。見微知著，連最起碼之 SOP 及多年海外投資經驗均未曾累積運用，實令人扼腕！

就個人了解，兆豐銀行前身中國商銀 20 餘年前曾派有經驗行員赴西班牙進修西語，惟似乎未能形成制度。實際上，目前以國內金融界先打亞洲盃，或訊息蒐集由海外單位提供等建議，就人才培養而言，應須更有計畫及系統為之；而且所需要者係跨領域之人才，包括法律、財金、外語，甚至資通訊（Fintec）等領域，這也是現階段國內所欠缺者，如有，也可能已為其他亞太競爭國家地區所延攬。因此，就兆豐紐行被罰案，雖因繼「巴拿馬文件」案後發生，除消極解決引發問題或衝擊外（含近日出現該案可能引發之台巴邦交問題），亦應思考針對未來可能之積極作為，化危機為轉機，如在公司監督治理、跨領域人才培養與雙邊及多邊金融合作等；一方面，是否需修法或立法，抑或提出鼓勵措施；另方面，既為跨國企業或為永續經營，發自企業本身之努力才是正道，蓋因在國際上，以台灣之國際地位與處境對跨國企業所能協助應相當有限（特別在非邦交國），企業本身應從內控與外稽制度健全做起，而見微知著更是跨國企業內控與外稽的鎖鑰。

兆豐巴行相關案件已列爲個人在大學兼課之教案（箇朗分行前述案件後已遷新址整頓，相較巴京分行除爲在巴政府登記爲主要分行而箇朗爲其附屬分行之特殊情況外，其於巴京金融街獨棟辦公住宿合一大樓，在巴京全面大樓翻新仍數十年如一日未改面貌影響銀行形象至鉅，甚至賠上國家形象），個人也鼓勵學生跨領域學習，並以進入國內跨國企業服務爲理想目標之一。時值民進黨執政伊始推出新南向政策，對拉丁美洲及加勒比海邦交國而言或許會吃味，除易增我駐當地使領館工作壓力外，若干作法還是有待商榷或需更細緻的考量（如片面給予免簽證入台）；惟多方面的思考加上跨部會整合性的方案，不失爲應有作爲。如政府有更多的創新思維與做法，在經濟上必能創造更多更好的就業機會，而在社會上更能做到更合乎公理正義的分配！如是，台灣的競爭力必將不會每況愈下。

# 附錄 8 2016 年中對拉美股匯債市分析

（以下係爲某國內月刊準備之採訪稿，迄 2016 年 6 月初似未獲刊登）

拉美市場過去 5 年被國際投資人背棄，外資大舉流出，但今年上演大反攻行情，拉美新興市場大幅反彈，股市、匯市、債市皆一掃過去陰霾大漲。

1.拉美市場近期的反彈，最主要的驅動因素爲何？

可分爲內在及外在兩方面的驅動因素：外在因素其一爲拉丁美洲相較歐盟及中東等地區局勢較穩定，有利政經發展；其二爲中美兩強政府在拉美角逐投入資源拉攏並帶動國企民企的投入，如美國與古巴復交，中國對南美各大國在貿易投資及基建（如兩洋鐵路）等的合作。內在因素其一爲主要大國政經由左往右傾斜，明顯的包括阿根廷、祕魯及轉向中的巴西，中美洲瓜地馬拉及巴拿馬等國亦不在話下，經濟將更開放及自由化，對其他左派國家如委內瑞拉、厄瓜多等亦有示範作用；其二拉丁美洲 APEC 三會員體墨西哥、智利、祕魯加上哥倫比亞四國成立太平洋聯盟（Alianza Pacífica），有利內部整合及對外談判，進而與亞太地區合作共榮。在此等主要因素趨動下，當然市場反彈乃意料之中。

2.IMF 估計拉美地區今年經濟仍將負成長，最大經濟體巴西更將連兩年陷入嚴重衰退，但明年經濟則可望回復到正成長。這代表拉美經濟要觸底反彈了嘛？經濟基本面眞的見到改善嘛？

應該要觸底反彈了，否則亦不遠矣！當然除社會民心所向，還需看主要右轉國家政經穩定過渡期長短而定。再者，南美各大宗原物料出口國，在中國進入所謂常態性成長期以後，也逐漸調適。另一方面，亞太經濟整合在美中兩國角力帶動 TPP 與 RCEP 之進展，亦逐步喚起拉丁美洲如南方共同市場 MERCOSUR 及南美國家聯盟 UNASUR 之整合急迫感，進一步將更有利於基本面的改善。對此，個人抱持審愼樂觀的態度。

3.拉美政治局勢對於經濟、金融市場有巨大影響。您如何分析近期拉美地區的政治局勢轉向右派？對於經濟、金融市場會帶來正面效果嘛？

以 PEST 分析法或美國傳統基金會與華爾街日報每年所公布之經濟自由度全球報告分析，近期拉美地區政治局勢轉向右派確實對經濟及金融市場會帶來正面效果。拉美以往左派經濟政策不利經商與外資投入（特別是國有化政策與法令規定），這從瑞士 IMD 世界競爭力年報及世界銀行之年度各國經商環境評比卽可看出端倪。如今拉美經濟局勢雖然對股市、匯市、債市，甚至房市都有正面意義，

但對貧富懸殊及過往注意分配之政策仍不可一刀切或矯枉過正，否則難免民怨再起。創富亦須兼顧公平正義，但如無法創富，則侈言改革及改善人民生活。

4.巴西總統羅賽芙近期遭彈劾，副總統德梅爾繼任。您對巴西政局如何觀察？副總統德梅爾能為巴西市場帶來正面的訊號嘛？

短期內動盪不安仍為巴西政局主軸。因為如同其他拉美國家，巴西政商關係一向糾葛太深，況且由於幅員廣擴，還有可能存在的中央與地方之隔閡與爭權奪利，既得利益者仍是背後操盤手，無論誰執政，均須面臨此問題，貪污腐化只是表象或急功近利的另一種手法。雖然巴西有足夠的內需市場，但科技發展及投資仍需外來挹注，副總統或新政府仍須執兩用中，首須安內然後攘外，不過最差時刻應已過去。副總統德梅爾應能為巴西市場帶來正面的訊號，只要其個人或親信不捲入貪污等醜案。不管德梅爾是否擔綱執政，巴西新領導人將面對債務引起的預算問題、國企民營化可能引起的本國資源被外國外商掠奪問題、重中之重的是可否短期內組成菁英執政團隊及未來顯而易見的清廉政府有效治理之挑戰。

# 附錄 9 從華為在墨西哥投資看美中貿易戰的深層意涵

在中美貿易戰高疊起伏且美法（歐）甚至日韓也傳出貿易衝突之際，在此之前華爲在加拿大延伸至美國的訴訟個案似乎已埋伏導火線。在此擬透過探討華爲在北美同爲前 NAFTA 成員的墨西哥投資之成功關鍵因素及以 SWOT 分析華爲在墨之投資營運策略，歸納分析華爲對墨資通訊業之影響以及其中之深層意涵。經研究了解於初始階段華爲所需零組件在墨國內供應量不到 20%，其餘皆從中國直接或間接進口，然而到 2017 年墨國內供應已增加到 70%以上。華爲最大的行銷成功策略在於其設備能與其他競爭對手（如思科系統）的產品相容，並且沒有用獨占系統或設備來排擠或針對其他產品。2014 年華爲墨分公司在本地的採購和投資達到 3.18 億美元，實現銷售收入 6.5 億美元，納稅達到 1 億美元以上。

華爲 2001 年進入墨西哥後，這十幾年來有相當可觀的成長，從一開始只有 4 個員工，成長到超過 1400 名員工，間接爲墨西哥城創造 5000 個工作機會；在墨西哥城設有全球 15 間科技研發中心之一及一所訓練中心。華爲已成爲幾

家主要電信公司的設備供應商，如 Telcel、Telmex、Iusacel、Telefonica、Nextel、Pemex、IMSS、Bestel 及 Conagua；亦即華為係墨本土主要電信公司之上游合作公司（相對美商緯創力而言則為其下游採購商），且可看出華為在墨營銷型態以 B2B 為主。另為了提升企業形象，華為在墨 4 萬 5000 個地點提供免費上網服務，在社會的各個層面幫助墨西哥的資通訊業發展。

華為在墨仍有很大成長空間。2014 年 10 月底，時任墨經濟部長瓜哈多曾表示，華為宣布在五年內將包括設立創新及訓練中心在內於墨投資 15 億美元，雖然十四年來中國在墨之投資未達 3 億美元，而 2013 年相對中國在全球之投資額為 1000 億美元，在墨投資則未達 1 億美元。瓜哈多部長另強調未來十年墨將成為全球第二大資訊產品供應國，華為應趁此機會加大在墨的投資。回顧 2015 年華為為表達在墨加大投資的決心，透過 2017 年華為拿下墨次世代網路建設項目，可說華為已達成其短期目標。

華為在墨主要業務有三方面：市場行銷與售後服務、當地與拉美產品的大規模組裝、以及科技研發中心的客製化服務。由此可見華為在墨投資營運的重點為利用在地獲取之原物料或半成品從事生產活動為部分專案，重點應屬行銷與技術服務。另方面華為產銷布局主要在於推動數位化轉型。華為聯合 500 多家合作夥伴為全球 130 多個國家和地區的客戶提供雲端計算解決服務，並藉由說服營運商進行數位化轉型，為其提高投資回報和營運效率。面對營運商客戶以 ROADS 體驗為目標和引導，提供雲端化的產品和解決方案。前幾年華爲在拉美 9 個國家設立 13 個代表處，華爲品牌知名度在拉丁美洲從 2014 年的 37%上升到 2017 年的 65%，其成長幅度達 28%。

以區位優勢分析華爲在墨投資環境優劣勢，CIA 特別強調墨的地理位置，此地理位置有戰略和經濟價值存在。墨在投資環境對資通訊業外來投資者（外企或中企）而言，法律條件利弊參半，在墨從商遇到最主要社會問題中，犯罪及竊盜排名第二，這是外資在墨投資皆須面對的問題。另外墨政治環境相較於其他國家非常不穩定且存在許多風險；此亦可視爲影響華爲未來在墨持續發展存在的障礙。

底下吾人以國際投資理論評比中美在墨資通訊業投資優劣勢。政治上，美國因 NAFTA（或現 USMCA）及地緣關係在墨擁有區位優勢，然由於中國快速崛起，在外在環境上有機會超過美國。經濟層面上，美國的國民收入水準和服務業發展水準皆超過中國，中國想趕上美國仍相當困難，故外在環境來說兩國皆持平。中國在行業優勢上具有較低的生產成本優勢，且持續進步的同時其外在條件也有利於中國。雖美國在經濟規模上優於中國，中國可利用外在機會趕上美國。社會層面上，中國的規模優勢最主要在其人口數，而美國有已開發國家都有的生育率問題，中國沒有外在威脅其社會規模優勢。美國社會組織優勢仍然不是中國所能超越；在其他優勢方面，如國家品牌形象，美國兩倍於中國，但有無法持續成長的威脅，反之中國正快速成長。科技層面上，美國現在行業優勢仍優於中國，但

在中國快速成長下，足夠造成對美的威脅。

除國家及產業層面之評比，在運用企業所有權優勢及內部化優勢評比，試以在墨華爲主要對手思科相較，論證結果華爲在針對客戶服務的規模上擁有比思科還高的優勢，而華爲技術範圍比思科廣，然而思科專利分類的分布比華爲集中，另外其發展重心是兩個重點技術帶領另外四個次級重點技術，比華爲單一的發展重心更加均衡。從技術水準來看兩家企業的技術發展各有優劣，但另一方面從專利申請量來看，可以察覺華爲在創新能力方面要優於思科。就管理技術而言，華爲在目前的全球競爭市場上稍微優於思科，華爲與思科在價值鏈上的演進剛好相反，然而兩者皆向微笑曲線兩端進行發展，因此兩者在產品差異程度上各有優劣。就評比結果而言，華爲在現階段無論在地主國墨西哥優劣勢或外在環境機會與威脅均稍微優於美商思科；另從各種趨勢而言，隨著中國的強勢崛起，華爲在未來應該有可能在母國的加持下，持續超過思科並成爲核心相關領域業界第一。

從主要國際投資理論（如鄧寧的投資發展週期理論及裴長洪與鄭文對理論的補充解釋），可看出企業的對外直接投資不再只是企業本身的競爭問題，其背後母國的幫助，在分析後，可以說是顯而易見，華爲本身的競爭力加上中國的強勢崛起，讓華爲在全球、拉美及墨西哥擁有很大的優勢。使用 SWOT 及 PEST 分析工具可以更清楚的發現母國與母國、企業與企業之間墨西哥的優劣勢及其所能掌握的機會與威脅。母國對企業的幫助可以藉由其政治、經濟、社會各層面來分析探討，中國在各層面的影響有助於華爲在墨西哥與其他企業進行競爭，例如中國銀行的融資貸款、中國與墨簽署的各項條約以及中國國家品牌的提升等等。

華爲與西方世界企業不同的企業文化及發展模式，讓其供應鏈及價值鏈也有所不同，華爲是從消費端到研發端的演進模式，讓華爲能更加理解用戶需求，並用較有競爭力的價格搶下市場。從墨西哥的資通訊業貿易進出口可以間接發現華爲在墨的投資，其產品及服務幾乎都在當地及鄰近區域而不是回銷回中國，畢竟墨西哥不是中國主要進口國。華爲在墨投資都是爲了促進當地分公司的競爭力，例如建設新的集貨中心及組裝廠來降低運送時間與成本。由此觀察華爲在墨發展，內善截長補短、外能趨吉避凶之營運發展策略，可判斷其中期發展展望仍看好，也可看出中美貿易戰深層的必然性；但是面臨中美貿易戰的衝擊下，後續兩國企業如何把握母國帶來的優勢，在暫無被美國加徵關稅下的墨西哥、拉美甚至全球之競爭，值得持續觀察外，對在墨投資資通訊業衆多台商與台灣現階段之吸引外資與促進對外投資應有值得深思的意涵。

（總結自黃士耘淡江大學拉丁美洲研究所碩士論文「外資對拉美資通訊產業之影響：以華爲公司對墨西哥投資爲例」，2008.1。）

# 附錄 10 有感於六輕定案

黃任佑撰於經濟部工業局（1996）外放祕魯代表處前夕

## 細說麥寮

記得以前答覆別人詢問住在那裡時，總要說明雲林縣麥寮鄉而不是彰化縣的員林鎮麥寮人士。如今因六輕案，麥寮一夕之間似乎卽將鹹魚翻身，連帶鄰近鄉鎮一同享盛名，或許有朝一日台西亦能與台北、台中、台南及台東各據一方稱雄。小時候唸書時因麥寮無初中須至虎尾等地報考，初中畢業後如想進較好的高中更須遠離雲林縣赴台中等地求學（如今似未變），至於無法升學之同學爲幫助家計往往須遠赴台北做工，回想當時常自我解嘲麥寮出產風沙及蒼蠅，外銷流氓。可見當時情景之一般，至目前似未完全改觀。

民國 62 年大學聯考落榜經先父友人介紹至農委會前身農復會當臨時工友半工半讀，適逢蔣經國先生任行政院長推動農漁牧綜合經營，由於麥寮是當時全省最貧瘠鄉鎮之一（據悉雲林縣當時三居其二），乃被列爲重點推廣地區，當時深深爲政府德政所感動。其後農民種植蘆筍、養豬及水產而大幅改善生活，但由於民風受整個社會影響，生活品質似未同步改善，誠爲可惜！

個人就讀大二時先父因病以救護車欲送至虎尾較大型醫院（若瑟）急救途中不治過世，享年僅43歲。自此個人幾近半工半讀。大學畢業及服役後，由於工作需要遷往台北數年，隨後奉派至國外服務，雖身在異地，但總心繫家鄉，去年於駐地巧遇雲林縣工業發展投資策進會王總幹事印堂隨團出國考察倍感親切及體會政府對地方發展之用心。如今六輕案底定於曾被李總統視爲第二故鄉的 麥寮，個人對麥寮雀屏中選聞之十分振奮。六輕定案最重要的乃是符合天時、地利、人和，否則必生更多的波折。據在鄉親友表示凡事爭執甚多之林、許兩地方派系表現空前團結；而長輩及供職前農復會、農發會以迄農委會且對麥寮極爲熟悉並幫助甚多鄉民的一位忘年交朋友黃嘉先生表示，六輕於麥寮興建應利多於弊。

## 經濟發展與環境保護

所謂利者應爲有利於國內石化業之突破瓶頸甚至帶動相關產業發展而有助於整體經濟之進步；另方面對地方之繁榮應可預期，生活或可進一步改善。然而壞處亦可能隨之而來，此案在有條件下通過是否意味著環保水準的降低？而未來勞動人口的大增將使地方不在像目前的純樸；當然，動工期間的各項不便或許尚不至於有多大影響！

前述及麥寮曾因政府推動農漁牧綜合經營而受益匪

淺，但目前衆人皆知的 西部海岸線地層下陷及豬糞汙染等問題，甚至防風林的破壞，亦是始料未及。不過，由於窮怕了的心理，也是地方人士對六輕案傾向支持的主要原因。或許「海口人」習慣於出外討生活，如目前能翻身，未來環境若受汙染的話，只好由子孫去付出代價了。

經濟發展與環境保護孰重見仁見智，但持中庸之道似乎較爲國人所接受，也就是兩者兼顧並重乃屬可行。個人由於職務關係，曾了解中南美及歐洲之投資取向與工業發展，毫無疑問各國均強調欲吸引無汙染之工業，對污染性工業之防治標準先進國家亦均有所規範，對相關資源之規畫與運用亦不敢掉以輕心，但另方面產業競爭力之維持與經濟發展及國民生活息息相關，在生活水準與品質提升上勢必有所調適，顯然地，後者更是已開發國家國民生活福祉的指標。

## 幾點期許

我國國民所得已突破一萬美元，外匯存底高居世界第一，去年對外貿易值超過一千二百億美元，在國際經濟區域主義興起下，所能賴以生存者爲過去 40 年所恃「自立自強」的精神。六輕案甚至離島工業區是否將爲未來我工業發展之典範，亦有賴此精神之發揮。吾人對台塑愛鄉愛國之投資行爲應予鼓勵及配合（按:中共總理李鵬本年一、二月訪歐時已與義大利及西班牙兩國政府簽約協助其本國廠商至中國大陸設乙烯廠），因為以現實觀點分析台塑亦有必要在國內投資，而麥寮應是目前最佳或次佳選擇，身為麥寮人的子弟，吾人期待台塑、政府及地方人士能將六輕廠區及離島工業區建成模範工業區，不只是低汙染或零 汙染，且應以學習歐美先進國家將之規畫為高生活品質（如工業區公園化等）之工作環境為目標，連帶地鄰近鄉民亦能同沾雨露，共享建設成果（台塑擬在麥寮地區興學蓋醫院之報載消息如屬實，誠為地方所需） ，至於就業機會應優先考量提供當地人士，整體經建文教發展甚至未來台海兩岸之經貿趨向對該區可能的 衝擊，如能一併納入規畫實施，實為麥寮人之福。

# 附件一　參考履歷（2023.2.15 修改）

（一）個人資料

外文姓名：Huang Ren-Yow　（Gregorio Huang）

出生年月：1954 年 12 月（43.12）

出生地點：臺灣雲林縣麥寮鄉

婚姻狀況：已婚、育有二子

E-MAIL：ryhuang1203@hotmail.com.tw
gregoriohuang@gmail.com

臉書專頁：拉丁美洲經貿聯誼社（LatinAmericanStudyClub）、黃任佑

嗜好：看書、寫作、旅遊、健行

專長：國際貿易與投資（拉丁美洲）、開發中國家產業規劃與經濟發展策略、拉丁美洲企業經營環境、西班牙語文經貿及企管實務暨翻譯、中小微企業發展策略與輔導

（二）學歷

1. 雲林縣麥寮國小、虎尾初中、臺南市長榮中學高中部畢業（1973.06）
2. 經考試錄取國防部財務經理學校電子計算機系電算組

（1974.07）

3. 臺北市東南商業職業函授學校國際貿易科結業（1976.07.05）
4. 臺北縣淡水鎮私立淡江文理學院西班牙語文學系（文學士 1974.09- 1978.06、輔修英國語文學系）
5. 私立淡江大學歐洲研究所法學碩士（1980.09-1983.06）-碩士論文題目:「西班牙與拉丁美洲貿易關係之研究（1970-1979）」
6. 巴拿馬私立天主教大學 Universidad Santa Maria La Antigua （USMA） 企管碩士班進修（1986.12-1988.11）
7. 西班牙馬德里國際語言學校葡萄牙語班進修九個月（1990）
8. 祕魯國立聖馬可大學 Universidad Nacional Mayor de San Marcos（UNMSM）企業暨會計學博士-博士論文題目：「臺灣對外貿易與工業發展之相互關聯性-政府扮演角色之個案研究（1949-1999）」。入學考試及兩年學科平均成績第一名，該屆第一位博士論文口試通過（優等，口試日期 2000.08.15，文憑領取日期 2001.07.09）

（三）訓練

1. 第貳拾捌期預備軍官考選經錄取實施預備軍官教育期滿合格核定適任陸軍政治作戰少尉（1980.08.06）（於馬祖退伍）
2. 經濟部國際貿易局委託國立政治大學公共行政企業管理

教育中心辦理之「國際市場講習班」結業（1984.07.18）

3. 財團法人資訊工業策進會「資訊技術研究班中文電腦使用入門」研習期滿結業（1993.11.29-1993.12.02）
4. 行政院人事行政局公務人員訓練班晉升薦任主管人員研習班第一期研習期滿結業（1994.10.26-1994.11.22）
5. 經濟部工業局主辦昱泉管理發展中心承辦「主管人員成功簡報技巧訓練」（1994.12.19-20）
6. 經濟部專業人員研究中心「科技管理研究班」結業（1995.03.20-24）
7. 經濟部專業人員研究中心「經濟部中階主管研討會」研習期滿成績合格結業（1995.06.28-30）
8. 經濟部「高級主管 CQ（創意智慧）研習班」（2004.06.28-30）結業
9. 經濟部「公務英文聽力及閱讀研習班」結業（2004.04.01-08.19）
10. 行政院人力發展中心簡任級主管「管理研習營」第四十六期結業（2004.09.15-09.16）
11. 經濟部推薦「凱達格蘭學校『國家領導與發展策略班』第六期」結業（2005.10.15-2006.1.22）
12. 國際永續發展中心與巴拿馬全國人力資源專業培訓所合辦之「環保商機管理研習班」（130 小時）結業 Diplomado「Gerencia de Negocios Ambientales」organizado por el CIDES （Centro Internacional para el Desarrollo Sostenible） y certificado por CIDES e INADEH con un total de 130 horas （2009.05.12-

07.31）

13. 巴拿馬國科會與農工商會合辦「運籌物流會展研討會」連續三年參加研討會（2008.10.15-16）（2009.10.14-15）（2010.10.07-08）Participación en el ciclo de conferencias en EXPO LOGISTICA Panamá（合計超過48 小時）
14. 經濟部中小企業處委託中華民國企業管理顧問協會舉辦「第 20 屆高級企業經營管理顧問師培訓班」結業（2011.5-2011.11 合計 303 小時）、中華民國企業經營管理顧問協會授證企業經營管理顧問（2012.12.15）

（四）曾任職務

1. 中國農村復興聯合委員會（簡稱農復會，英文縮寫 JCRR 為行政院農委會前身農發會前身）臨時工友（準備大學重考期間半工半讀，1973.08.25-1974.08.31）
2. 中華民國全國青年團體聯合會國際事務委員會委員（1977.10-1978.10）
3. 世界反共聯盟第十屆暨亞洲人民反共聯盟第二十三屆大會祕書處聯絡 組接待員（1977.04.18）
4. 西文外銷產品雙周刊雜誌社 Productos de Taiwan 兼職翻譯（1977.10-1978.09）
5. 西文外銷產品雙周刊雜誌社總編輯（1980.08-1983.06）
6. 世界反共聯盟中華民國分會及亞洲人民反共聯盟中華民國總會亞洲展望月刊社 Horizonte Asiático 西文版編輯（1983.07-1983.10 總編輯陳雅鴻博士）

7. 經濟部駐外商務機構處員分派國際貿易局實習及工作（1984.05-1985.10）
8. 駐巴拿馬大使館經濟參事處三等商務祕書（1985.10-1989.04）
9. 駐西班牙馬德里孫中山中心二等商務祕書（1989.04-1992.04）
10. 駐西班牙臺北經濟文化辦事處一等商務祕書兼理涉葡萄牙商務（1992.05-1993.06）
11. 駐外一等商務祕書回經濟部工業局第六組辦事（1993.07-1994.03，負責重大投資案件彙整及經濟部產業宣導說明會）
12. 經濟部工業局第四組第三科科長（1994.04-1996.05 負責日用品工業及全國工業設計計畫）
13. 光男企業股份有限公司重整案官派監督人（1995.01-1996.05）
14. 財團法人鞋技中心及印刷研究中心官派兼任董事（1994.04-1996.05）
15. 駐祕魯臺北經濟文化辦事處經濟組組長銜商務專員（1996.06-2000.04）
16. 駐祕魯臺北經濟文化辦事處經濟組組長銜簡任商務專員（2000.04.01-2000.08.15）
17. 駐宏都拉斯大使館經濟參事處簡任商務專員主管經參處業務（2000.08.06- 2001.04.15）
18. 駐宏都拉斯大使館經濟參事處經濟參事銜簡任商務專員（2001.04.16-2003.08.05）

19. 經濟部投資業務處商務專員負責在臺外商服務及督導中南美洲與西班牙相關業務（2003.08.10-11.10）
20. 經濟部投資業務處商務專員督導國際組織業務及與自由貿易協定相關業務（2003.11.23-2004.06.10）
21. 奉派赴智利參加 APEC 資深官員會議次級論壇「投資專家工作小組」2004 年第一、二次會議（2004.02、2004.05）
22. 經濟部（投資業務處）與社團法人中華民國企業永續發展協會合編之「從社會關懷到企業雄心 Care and Ambitions」專書（中英文）執行編輯（2004.03）
23. 經濟部簡任商務專員兼中小企業處創業育成組組長（2004.6.11-2005.3.15）
24. 經濟部簡任商務專員中小企業處經營輔導組組長兼經濟部中區聯合服務中心主任（2005.3.16-2006.8.31）
25. 財團法人製藥工業技術發展中心第四屆董事（2004.06.11-2005.04.28）
26. 中華民國全國工業總會中小企業發展委員會委員（2004.06-2006.04）
27. 經濟部中小企業處中小企業終身學習護照指導委員會委員（2004.06.11-）
28. 經濟部中小企業處南港生技育成中心進駐審查會審查委員（2004.06.11-2005.3.15）
29. 經濟部中小企業處南港軟體育成中心營運督導（2004.06.11-2005.3.15）
30. 經濟部中小企業處南科育成中心諮議委員會委員

（2004.06.11-2005.3.15）

31. 經濟部中小企業處「創業創新育成」雙月刊副總編輯（2004.06.11-2005.3.15）
32. 經濟部中小企業處委託臺灣管理協會辦理「2004年度中小企業經營領袖班」學員甄選審查委員會委員及講師、中小企業處委託中國青年創業協會總會辦理「企業精英班」講師（2004.06.11-2005.3.15）
33. 經濟部中小企業處考績、甄審委員會委員（2004.07.01-2005.06.30）
34. 經濟部延攬海外科技人才審查委員會審查委員（2004.07.07-2005.3.15）
35. 國防部委託中國青年創業協會總會辦理「2004年國軍官兵退前創業職訓班」講師，主講「政府創業輔導措施介紹」（2004.08.04）
36. 私立淡江大學拉丁美洲研究所兼任助理教授（2004.08.09校評會審核通過）
37. 經濟部中小企業處2004年度委託臺灣管理協會舉辦「第三屆中小企業經營領袖研究班」課程「中小企業經營環境與政府經營輔導」講師（2004.09.17）
38. 代表經濟部中小企業處陪同整廠輸出協會籌組南美（祕魯、智利、哥倫比亞）貿訪團擔任顧問，並出席由國經協會主辦之臺灣智利及臺灣哥倫比亞經濟合作雙邊會議（2004.09.27-10.11）
39. 督導辦理 APEC 微型企業次級工作小組會議（2005.03.07）、APEC 中小企業產業群聚國際研討會

（2005.02.08-09）暨 APEC 中小企業工作小組會議（2005.03.10-11）

40. 淡江大學拉丁美洲研究所 2005 學年度第二學期碩士班論文口試委員之一【碩士生:唐惠芳──論文題目:巴拿馬服務業在 WTO 服務業貿易總協定架構下發展之分析指導老師:宮國威博士 （2005.06.16）】
41. 經濟部國際貿易局「94 年度進出口績優廠商表揚活動暨第 9 屆小巨人獎頒獎」委辦計畫採購評選委員會委員（2006.3.14 貿央展字第 09502501301 號聘函）
42. 中華民國全國工業總會第七屆理事會中小企業發展委員會顧問（2006.5.16 工業總會武業字第 0950050383 號函）
43. 中華民國駐巴拿馬大使館參事銜簡任商務專員（2006.09.01-2011.1.20）
44. 經濟部駐外商務機構簡任商務專員派在投資業務處服務（2011.1.22—2012.6.3）（負責督導國際組織、中南美與西班牙及兩岸相關業務─陸資來台、大陸台商服務、兩岸投保協議）（曾奉派隨工業總會祕書長赴青島大連介紹台灣投資環境及隨海基會高副董兼祕書長孔廉赴福建關懷台商）
45. 受邀外交部外交領事人員講習所爲「外交部新近調部同仁（101 年上半年）講習班及第 45 期外交領事人員、第 30 期國際新聞人員暨僑務委員會僑務人員專業講習班」以經濟部投資業務處簡任商務專員身分講授「ECFA 簽訂後兩岸經貿關係」（2012.3.8）及另以淡江大學美

研所（兼任助理）教授名義擔任「第 45 期新進外交領事人員、第 30 期國際新聞人員及僑務委員會僑務人員專業講習班」之「我國與中南美洲國家經貿關係」課程講座（2012.3.12）（2012.3.2/3.8 講字第 10155000890 / 10155001040 號函）

46.世界公民文化島協會第二屆世界公民文化島有任務旅行世界嚮導（2012）

47. 群英企業經營顧問聯誼會副會長（2012.7-2012.12）

48. 中華民國企業經營管理顧問協會常務理事（2014）

49. 金門縣政府工商發展投資策進會委員（2013-2014）（獲推薦代表參加廈門市台辦舉行之廈門台灣（金門）自由貿易區研討會 2013.11.7-9）

50. 應外交部邀請赴多明尼加於 2014.11.26-30 中小企業週就「我國中小企業發展成功經驗」（11.27）及多明尼加外交部外交學院就「台灣國際經貿關係拓展之我見」（11.28）發表演講（2014.9.19 外交部外拉美中字第 10323525930 號函）

51. 致理科技大學拉丁美洲經貿研究中心研究員（2014.8.1-2016.7.31）

52. 群英企業管理顧問股份有限公司企業經營顧問聯誼會 2016 會長

53. 中華民國智慧榮耀再造協會理事（2015-16）

54. 應邀教授經濟部 2016-2017 新進國際商務人員進階經貿西班牙文（2017.2.8-10）

55. 應外交部拉丁美洲加勒比海司赴外交部與該司同仁分

享涉拉美經貿事務經驗談（2017.3.16）

56. 應政大外交系邀請赴該系主辦國際競合與企業經營論壇分享涉拉美經貿事務（2017.3.24）
57. 應邀擔任政大國際事務學院安秀貞拉丁美洲研究中心主辦「2016 年美國總統大選後的台對外政策學術研討會：2016 後中華民國對拉美邦交國之關係」主題評論員（2017.4.14）
58. 應邀赴外交部對第七期外交遠朋進階西語班主講「拉丁美洲與台灣經濟貿易關係」（2017.8.22）
59. 應邀於長榮大學翻譯系（所）舉辦之「四國聯談在長榮第二外語連結文化學習營」主講-商務外交工作實務（2017.8.24）
60. 應邀於當代日本研究學會及中共研究雜誌社主辦論壇「習近平鋪展外交重要布局-探論「一帶一路」與「三大論壇」擔任「中拉論壇在拉美之運作模式與對台灣影響」與談人（2017.8.31）
61. 淡江大學（拉丁）美洲研究所暨西班牙語文學系兼任助理教授（2011.2-2018.6）
62. 淡江大學國際事務與戰略研究所碩士班、拉丁/美洲研究所（拉丁美洲組）碩士班暨西班牙語文學系碩士班論文指導教授及口試委員 （詳附件清單）
63. 淡江大學亞洲研究所數位學習碩士在職專班講師暨論文指導教授及口試委員（詳附件清單）
64. 淡江大學美洲研究所亞太研究數位學習碩士在職專班講師暨論文指導教授及口試委員（詳附件清單）

（五）研究出版

1. 「我國與南歐民生工業合作之可行性分析」-經濟部 1995 年度研究發展報告主筆（1995.08 經濟部印，優等獎）
2. 耕耘集-報紙雜誌發表文章彙編（自印，1996.05）
3. 「中美洲各國產業發展環境初評」-海合會中美洲七國技術協助及貸款計畫研究團工業政策規劃組研究報告主筆（經濟部工業局編印「工業簡訊」，1996.02 第二十六卷第二期）
4. Perspectivas de las Relaciones Bilaterales Después del Ingreso del Perú en APEC, INFORME, SÍNTESIS, p.26, DICIEMBRE 31 DE 1997, Perú
5. 「臺灣對外貿易與工業發展之相互關聯性——政府扮演角色之個案研究（1949-1999）」。（「La Correlación entre el Desarrollo Industrial y el Comercio Exterior de Taiwán: Un Caso de Estudio sobre el Rol del Estado（1949-1999）」, Tesis para optar el grado de doctorado en ciencias contables y empresariales, Unidad de Post-grado, Facultad de Ciencias Contables, Escuela de Post-grado, Universidad Nacional Mayor de San Marcos, Lima, agosto 2000），國立聖馬可大學會計學院博士論文，西班牙文自印，祕魯，2000.8
6. 「現階段美洲自由貿易區發展動向之探討-從哥斯大黎加看中美洲與美國洽簽自由貿易協定之疑慮」-經濟部情勢暨評論季刊，第九卷第三期 2003.12
7. 「從經貿投資環境看中南美洲商機」-經濟部投資業務處

編印「國際投資」季刊，（2004.07.15 出版）
8. 「洞悉國際產業開創就業利基」，經濟日報副刊企管知識經濟版 C7，2004.09.05
9. 「創新育成中心推動知識密集型服務業之機會與挑戰」-經濟部中小企業處編印「創業創新育成」雙月刊，2004.10 出版
10. 「透過創新育成中心積極培育知識密集服務業」、「我國育成產業發展：整合產官學研資源」，2004 中小企業創新育成中心年鑑 The Yearbook of Incubators，經濟部中小企業處編印（社團法人中華創業育成協會承編），pp.64-72、pp.102-110，2005.7
11. 「巴拿馬中小微企業輔導資源指南—臺灣經驗與援助」（西班牙文版「Guia de recursos disponibles de apoyo a las MIPYMES en Panamá — experiencia y apoyo de Taiwán」），巴拿馬，2011.1.18 （自費出版）
12. 「試析福建鞋業台商經營困境與對策」，台灣鞋訊，2012.6，pp.69-71
13. 「我國外銷問題診斷與對策建議」，工商時報 A6『政經八百』，2013.2.7
14. 「解開經濟發展困境，從操之在我部分著手」，工商時報 A6『政經八百』，2013.4.24
15. 「推動『自經區』之近程與長期應有的作為」，工商時報 A6『政經八百』，2013.7.17
16. 「先從立法院講求法治做起」，工商時報 A6『政經八百』，2013.8.13

17. 「台灣應以智利爲師」，工商時報 A6『政經八百』，2014.12.31
18. 「從委內瑞拉政局看拉美經商風險與對策」，工商時報 A6『政經八百』，2016.7.22
19. 「與拉美邦交國經貿關係 如何加強」，工商時報 A6『政經八百』，2017.1.12
20. 「與巴拿馬斷交後 對拉美關係之反思與創新」，工商時報 A6『政經八百』，2017.7.5
21. 「經濟發展關鍵在更自由化」，工商時報 A6『政經八百』，2018.3.2
22. 「我與雙巴 FTA 及經合協定的缺失與補遺」，工商時報 A6『政經八百』，2018.4.3
23. 「發展觀光先擴大國際視野」，經濟日報 A15『經營管理』，2018.4.4
24. 「催生台灣經濟學...」，經濟日報 B5『經營管理』，2018.4.27
25. 「中小微企業發展輔導經驗與國際化」，工商時報 A6『政經八百』，2018.5.22
26. 「外交是內政的延長—論兩岸與經濟發展的另類思維」，工商時報 A6『政經八百』，2018.10.24
27. 「經濟發展新路徑」，經濟日報 A18『經營管理』〈趨勢觀察〉，2019.1.7
28. 「既要務實也要體制—兼記經貿飛躍發展那年代」，工商時報 A6『政經八百』〈專家傳眞〉，2019.3.8
29. 「文化可爲台灣外交 中庸之道的核心關鍵」，工商時報

「政經八百」〈我見我思〉，2019.07.19）

30. 教育之本在文化傳承 -追思一位學術教育界的典範，工商時報「政經八百」，2019.10.24
31. 「台灣早期援外措施 早已實踐【脫貧致富】」，工商時報A6『政經八百』（名家論壇），2019.11.14

（六）獎章榮譽

1. 斐陶斐榮譽學會淡江大學分會推薦會員（1983.06.01）
2. 考試院 1983 年特種考試「經濟部駐外經濟商務人員考試乙等考試」西班牙考試及格並經專業訓練期滿，核定自1984.04.3 及格生效
3. 行政院院長連戰 1995.06.29 頒發參等服務獎章及證書（公務員連續任職滿十年著有勞績，依獎章條例頒給）
4. 臺灣佛教慈濟慈善基金會賑濟祕魯聖嬰現象災民兩千戶（包括:提供每戶豆類、糖、米、防水布、毛毯、煤油燈及義診與捐贈一百間土牆屋建材），擔任駐祕魯總協調人及承辦人，1998 年 8 月獲當地省政府Lambayeque 及紅十字分會感謝並致贈獎牌。
5. 中南美洲臺灣商會聯合總會 1999 年 7 月 2 日於祕魯首都利馬舉行年度會員大會，應邀擔任大會唯一專題主講人（講題:從中祕雙邊經貿關係看中南美臺商面臨二十一世紀應有之作爲），並獲頒「功在臺商」紀念牌
6. 美國 Who's Who Historical Society 遴選爲 2000 年 International WHO'S WHO of Professionals（2000 年國

際專業人士名人榜）榮譽會員

7. 宏都拉斯全國工業總會 2001/2002、2002/2003 年理監事會榮譽職顧問（經濟部 2001.06.12 准於備查）
8. 宏都拉斯全國工商會聯合會榮譽顧問（2001-2002）
9. 宏都拉斯美國文化中心顧問（2002.11-2003.8）
10. 「中華民國出席中美洲銀行第四十二屆理事會年會代表團」顧問兼團長中央銀 行彭總裁准南西班牙語傳譯；並應中美洲銀行之邀參加同時舉行的「投資於中美洲整合」研討會擔任分組討論「微型及小型企業家:中美洲財富創造引擎臺灣及西班牙個案」二主講人之一（2002.10.24-25），獲主辦單位美國 Latin Finance 總經理 Christopher Garnett 函謝（2002.10.31）
11. 宏都拉斯（首都）外交人員協會會長（2002.12-2003.08）
12. 行政院游院長 2004.05 頒發貳等服務獎及證書（公務員連續任職滿貳拾年著有勞績，依獎章條例頒給）【1987-2009 公務員考績每年均甲等】
13. 擔任巴拿馬淡江大學校友會會長（2007.01.01-2008.12.31）並獲創辦人張建邦博士及張校長家宜聯名感謝狀
14. 擔任巴拿馬中小企業聯合會 UNPYME 榮譽顧問（CONSULTOR AD HONOREM 2008-2010）（2008.4.23 UNPYME 理事長 Fernando Marquez 函聘）
15. 榮膺第二十三屆淡江大學「淡江菁英」金鷹獎得獎人（淡江大學「淡江菁英」金鷹獎評審會 2009.10.5（九十

八）邦鷹字第00二號函）

16. 依「捐資教育事業獎勵辦法」經淡江大學報陳教育部，獲吳部長清基頒贈獎狀及學校另贈感謝牌（2009.10.11張校長家宜書函）
17. 應聘擔任美洲國家組織祕書處 Young Americas Business Trust（YABT）主辦「2007 Talent and Innovation Competition of the Americas TIC AMERICAS」決賽評審（2007.05.31美洲國家組織理事主席 Ambassador Denis Antoine 及執行長 Roy L. Thomasson 聯名感謝狀）
18. 擔任巴拿馬拉丁大學（工學院）主辦，美洲國家組織及 YABT、DELL 與該校 IEEE 單位贊助之第八屆「拉大學生科技創新專案研習會」（VIII EXPOSICION DE PROYECTOS ESTUDIANTILES TECNOLATINA）主講人之一（2007.07.30-31）
19. 應巴拿馬美洲洲際大學 UNIVERSIDAD INTERAMERICANA 行政學院邀請主講「產學合作網絡台灣建構與發展經驗」（2007.8.17）
20. 應巴拿馬青年創業總會 JCI 巴京分會邀請於「第三屆創業家大會：開拓你的企業機會「巴拿馬大方案」」（III Congreso de Emprendedores: Ampliando tus Oportunidades Empresariales「Mega Proyectos en Panama」）主講「台巴自由貿易協定」並獲感謝狀（2007.8.26）
21. 應邀於巴拿馬工商部 2006.11.17 舉辦之「巴拿馬第一屆出口商集會」（1er. Encuentro del Exportador en

Panamá）主講「台巴自由貿易協定與如何與台灣作生意」。並以駐巴拿馬大使館名義連續參加三年有關會展且獲該部感謝狀（2006.12-2009.04）

22. 應巴拿馬美洲洲際大學 UNIVERSIDAD INTERAMERICANA 行政學院邀請主講「創新發展：台灣經驗談」（2009.7.30）

23. 應國立巴拿馬大學 CRUA 分校邀請於「第三屆 Azuero 地區科學大會：技術人文及科學創新對 Azuero 區發展與生產的承諾」主講企業育成議題（2009.10.16）

24. 應我外交部之邀代表政府（經濟部國際貿易局安排）赴海地首都太子港於「第十屆大加勒比海企業論壇」發表「臺灣中小企業發展經驗及與中美洲國家合作現況」專題演講。（2009.10.23）

25. 應巴拿馬工商部邀請於該部與世界智慧財產組織（WIPO）合辦之「中美洲暨多明尼加針對新產地命名的登記、管理與保護之指令有關建構與發展品牌專家次地區會議」主講「台灣地方特色產品產地標示登記、管理與保護現況」並獲函謝及轉發 WIPO 與該部合頒主講證書（2009.12.10-11/12.16）

26. 協助推動「巴拿馬發展企業育成體系」（「Sistema de Incubacion de Empresas para el Desarrollo de la Republica de Panama（SIDEP）」獲國立巴拿馬大學頒贈感謝狀。同時獲該校 Azuero 分校（CRUA）感謝狀，推崇對政府間合作計畫 SIDEP 之貢獻（2010.03.24）

27. 國立巴拿馬大學 CRUA 分校及 Azuero 國際商展籌委會

聯合頒贈感謝狀肯定對該區及巴國產學合作之貢獻（2010.05.1）

28. 應邀於巴京 METRO 國際扶輪社主講「台巴雙邊合作計畫」（2010.5.4）
29. 國立巴拿馬大學「企業永續發展暨育成中心」（CIDES）頒贈感謝狀肯定對該校在高等教育經濟、科技及創業發展之有價值的貢獻有助於巴國中小微企業（2010.08.19）
30. 中華民國駐巴拿馬共和國大使館舉辦經濟參事處主管迎新送舊酒會，接受巴拿馬工商部（MICI）、中小微企業署（AMPYME）、箇郎農工商會（CCIAC）、企業經理人協會（APEDE）、中小企業協會（UNPYME）、中巴文化中心（Centro Cultural Chino Panameno）、企業界代表（前工商部出口促進司司長 Mabel Del Cid）及美洲國家組織祕書處 Young Americas Business Trust（YABT）巴拿馬辦事處等感謝狀及（或）紀念品。（2011.1.18）
31. 外交部委託財團法人國際合作發展基金會舉辦中南美洲及加勒比海區「中華民國經建研習西語班」以西語主講『中華民國經濟發展總論』及擔任學員個別國家經濟發展報告評審與結訓成果分組報告講評（2011.11.4-5,11.16）
32. 經濟部林政務次長聖忠頒發榮退感謝牌（2012.5）
33. 各直轄市及縣市工商發展投資策進會總幹事聯誼會贈予榮退「勤業永懷」紀念牌（2012.8）

34. 協助外交部及財團法人國際合作發展基金會審查與諮詢對拉丁美洲邦交國（中小企業）合作計畫及（委託中華經濟研究院）相關研究案（2013-2014）
35. 接受中華經濟研究院受國發會委託諮詢訪談「台灣巴拿馬 FTA 後續發展對我影響之研析」（2017.9.25）
36. 捐資教育事業教育部部長潘文忠獎狀（2018.3.3 臺教高（三）字第 1070021215 號）

（七）主要貢獻

1. 駐西班牙期間推動 Valencia 及 Cataluña 州政府赴華設立商務投資辦事處。
2. 於工業局服務期間推動工業設計計畫。
3. 於駐西班牙期間及工業局科長任內推動促成我紡研中心及鞋技中心與西班牙對等機構簽署合作協議及互訪交流。
4. 於祕魯服務期間，推動成立「中華民國祕魯經濟文化協會」、「祕魯華裔商會」及「國合會學員聯誼會」。協助 Universidad Nacional Federico Villarreal 國立大學經濟學院推動「孫逸仙經濟研究中心」運作。
5. 於祕魯服務期間接受各主要工商團體、非政府組織、地方政府、電視電臺報紙及各大學（如 Universidad Nacional Federico Villarreal、Universidad Ricardo Palma、Universidad San Martin de Porras、Universidad Nacional Mayor de San Marcos、Universidad de Lima 等）邀請演講採訪，或參與國際性研討會發表演說，合計近

三十場次，主題包括:如何與臺灣作生意、臺灣工業設計與珠寶設計介紹、臺灣進口市場說明、臺灣經濟發展經驗與現況、臺灣政府對中小企業發展之輔導經驗、亞洲金融風暴與臺灣經濟、香港九七大限及未來對臺灣及臺海兩岸經貿走向之影響、祕魯加入 APEC 後如何強化與臺灣經貿關係等。

6. 於宏都拉斯服務期間，負責推動臺宏各項產業合作計畫:促銷產品輸華行動方案、協助中小產業技術援助、協助中小企業融資貸款及微型企業微額貸款、協助宏國人才培訓（含主要工商團體）、協助宏國鞋業設立「資訊及展示中心」、協助宏國擬訂工業發展政策與策略、協助宏國選定策略性工業等。整合相關資源投入重點項目，發揮經援綜效。
7. 於中小企業處服務期間促成輔導中小企業體系納入創新育成，由 10 次級體系擴大爲 11 個，含國內外貿易輔導合計 12 次級體系。
8. 應邀於光武技術學院主辦青輔會贊助之「2004 國際就業研討會」主講「海外就業市場趨勢分析」（2004.3.12）
9. 出席淡江大學拉丁美洲研究所主辦，淡大及國科會贊助之「中華民國第九屆拉丁美洲國際學術研討會」，應邀於經濟貿易組以西班牙語發表論文「從企業的觀點看拉丁美洲與台灣經貿合作之新格局」（2004.11.7-8）
10. 於巴拿馬第二次服務期間（1）協助巴國中小微企業署在國立巴拿馬大學、國立巴拿馬科技大學及拉丁大學推動成立企業育成中心並促成籌組產官學合作計畫聯

盟（SIDEP）。（2）促成巴拿馬中小企業聯合會（UNPYME）與中華民國中小企業協會（2009.8.7Fernando Marquez 理事長並函謝應邀出席稍前該會舉辦之全國中小企業論壇與贊助及演講事）、中華整廠協會與巴拿馬工業總會簽署合作備忘錄；連續辦理兩年中華民國國際經濟合作協會 CIECA 組團至巴拿馬與巴私人企業理事會舉行雙邊經濟合作會議等活動（CIECA 2010.9.27 函謝）。（3）推動促成「台灣中小企業巴拿馬投資商務考察團」至巴國活動，爲首次民間中小企業主動籌組該性質訪團至中南美洲者，並協助申請政府補助及出版特刊（2008.3.2-13）。（4）推動經濟部與巴拿馬工商部簽署「公開金鑰基礎建設PKI」合作備忘錄。（2006.9.1-2011.1.20）。（5）負責撰報巴拿馬商情報導及專題報告超過 30 則（篇），以及主辦經貿投資業務與協助旅巴台商。

11. 於淡江大學西班牙語文學系成立「黃志忠紀念獎助金」（2010- ）
12. 於台南基督長老教會學校長榮中學高中部成立「黃許月嬌女士獎學金」（2022-）

（八）曾遊歷國家地區

日本、美國、巴拿馬、哥斯大黎加、瓜地馬拉、宏都拉斯、尼加拉瓜、薩爾瓦多、貝里斯、多明尼加、西班牙、葡萄牙、荷蘭、法國、德國、奧地利、匈牙利、義大利、梵諦岡、摩納哥、安道爾、泰國、香港、馬來西亞、祕魯、阿根挺、智利、厄瓜多爾、哥倫比亞、古巴、海地、阿魯巴（Aruba）、古拉沙沃（Curazao）、博奈內（Bonaire）、墨西哥、中國大陸（青島、大連、平潭、福州、莆田、泉州、漳州、廈門）、越南、韓國、新加坡。（台灣離島：馬祖、綠島、金門、澎湖）

著博士袍與家母攝於自家書房

# 附件二　黃任佑指導/口試碩士論文清單（2013-2020）

| 製表:2022.10.29 | | | 黃任佑指導/口試碩士論文清單(2013-2020) | 地點: 淡江大學淡水校區 |
|---|---|---|---|---|
| 口試時間 | 序號 | 研究生 | 題目 | 備註(所別/口試委員) |
| 2013.6 | 1 | 孫艾艾 | 巴拿馬運河擴建對巴拿馬與臺灣經濟關係的影響 | 國際事務與戰略研究所碩士班 |
| | | ELVINS KELSINS | THE IMPACT OF THE PANAMA CANAL EXPANSION PROJECT ON THE | 翁明賢、格拉伊(英文) |
| | | SANTANDER CEDEÑO | ECONOMIC RELATIONSHIP BETWEEN PANAMA AND ROC (TAIWAN) | |
| 2014.1 | 2 | 金正立 | 多國籍企業對薩爾瓦多零售業之影響: 以沃爾瑪與精選超市之行銷競爭為例(2005-2012) | 美洲研究所拉丁美洲組碩士班 |
| | | Cheng-Li Chin | The Effects of Multinational Enteroprises on the Retail Industry of El Salvador: A Case Study of | 宮國威、向駿 |
| | | | Marketing Competition, Wal-Mart, Super Selectos, Supermarket (2005-2012) | |
| 2014.1 | 3 | 葛雅蒂 | 評估東亞國家在尼加拉瓜共和國的合作成果(2002-2012):台灣、日本、韓國之比較研究 | 亞洲研究所數位學習碩士在職專班 |
| | | YADIRA IVETH GALÁN | EVALUAR LOS RESULTADOS DE LA COOPERACIÓN DE LOS PAÍSES DE ASIA DEL ESTE | 邱稔壤、白方濟(西文) |
| | | ALVARADO | EN LA REPÚBLICA DE NICARAGUA (2002-2012): CASO DE ESTUDIO COMPARATIVO ENTRE | |
| | | | TAIWÁN, JAPÓN Y COREA DEL SUR | |
| 2014.1 | 4 | 薩普柏 | 台灣的經濟發展模型(1960-1990): 對應墨西哥之個案研究 | 亞洲研究所數位學習碩士在職專班 |
| | | Pablo Ignacio Salazar Diez | El Modelo de Desarrollo Económico de Taiwán (1960'1990): | 沈拉蒙、白方濟(西文) |
| | | de Sollano | Un Estudio sobre sus Lecciones para el Caso México | |
| 2015.6 | 5 | 洪煒婷 | 從產業群聚與技術創新研析智利鮭魚養殖業發展策略 | 美洲研究所拉丁美洲組碩士班 |
| | | HUNG, WEI-TING | Development Strategy ofChilean Salmon Farming Industry from the Perspective of Industry Cluster | 白方濟、宮國威 |
| | | | and Technological Innovation | |
| 2015.6 | 6 | 賈斯達 | 亞太經濟新形勢: 台灣面對國際秩序有效之主動作為與被動因應的個案研究 | 亞洲研究所數位學習碩士在職專班 |
| | | Gustavo Aljandro | La Dinámica Efectividad de Taiwán entre Proactividad y Reacitividad ante un Orden Internacional | 白方濟、邱稔壤(西文) |
| | | Cardozo | | |
| 2015.6 | 7 | 華倫瑞 | 宏都拉斯: 亞洲通往美國市場東方門戶方案之評估研究 | 亞洲研究所數位學習碩士在職專班 |
| | | José Roberto | Honduras: La Puerta al Mercado Este de Estados Unidos para Asia | 宮國威、白方濟(西文) |
| | | Valenzuela Pinto | | |
| 2015.6 | 8 | 艾瑪莉 | 尼加拉瓜共和國與中華民國(臺灣)2007-2011年之經濟關係與前瞻改善策略研究 | 亞洲研究所數位學習碩士在職專班 |
| | | María Luisa | Un Estudio sobr Estrategias para Mejorar las Relaciones Económicas entre la República de Nicaragua | 白方濟、邱稔壤(西文) |
| | | Espinosa | y la República de China (Taiwán), en base al Comercio Bilateraldurante 2007-2013 | |
| 2016.1 | 9 | 狄亞士 | 馬英九總統任內(2008-2016)中華民國(臺灣)外交政策對中美洲之影響 | 亞洲研究所數位學習碩士在職專班 |
| | | Humberto Díaz Porta | El Impacto de la Política Exterior de la República de China (Taiwán) en Centroamérica durante | 宮國威、王秀琦(西文) |
| | | | la Presidencia del Dr. Ma Ying-Jeou (2008-2016) | |
| 2016.6 | 10 | 蘇克禮 | 以東亞文化產業發展經驗看巴拿馬文化產業之發展(2010-2015) | 亞洲研究所數位學習碩士在職專班 |
| | | Julio Sucre González | LA EXPERIENCIA DEL DESARROLLO DE LA INDUSTRIA CULTURAL EN ASIA ORIENTAL | 宮國威、石雅如(西文) |
| | | | DE LA LECCIÓN PARA PANAMÁ (2010-2015) | |

| | | | | |
|---|---|---|---|---|
| 2016.6 | 11 | 馬杜迪 | 阿根廷面對亞太地區新經濟議程戰略地位之研究 | 亞洲研究所數位學習碩士在職專班 |
| | | Diego Eduardo Maturi | El Posicionamiento Estratégico de Argentina ante la Nueva Coyuntura Económica de Asia Pacífico | 宮國威、王秀琦(西文) |
| 2017.1 | 12 | 李元昶 | 巴拿馬投資創業環境之研究--以兩岸華人在服務業投資創業為例 | 美洲研究所拉丁美洲組碩士班 |
| | | Lee, Yuan-Chang | The Study of investment and entreprencurshipenvironment in Panama--The case of Cross Strait | 宮國威、王秀琦 |
| | | | Chinese invetment and venture in service sector | |
| 2017.1 | 13 | 羅培斯 | 中華民國(臺灣)與薩爾瓦多共和國之間關係及策略性經濟展望 | 亞洲研究所數位學習碩士在職專班 |
| | | Jaime José López | Relaciones y perspectivas económicas estratégicas entre la República de China | 宮國威、黃富娟(西文) |
| | | Badía | (Taiwán) y la República de El Salvador | |
| 2017.6 | 14 | 呂冠樺 | 從台灣看墨西哥中小微型企業發展--政府政策之比較研究 | 美洲研究所拉丁美洲組碩士班 |
| | | KUAN-HUA, LU | A comparative Study on the Development of MSMEs in Mexico and Taiwan--From Viewpoint of | 宮國威、蘇彥斌 |
| | | | Public Policies | |
| 2017.6 | 15 | 巴迪娜 | 從尼加拉瓜與東亞國家之技術合作觀點看亞洲援助於該國經濟發展中扮演之不同角色 | 亞洲研究所數位學習碩士在職專班 |
| | | Diana Gizel Parrales | (2010-2015) | 沈拉蒙、宮國威(西文) |
| | | Espinosa | Estudio sobre el diferente rol de la Ayuda de los Países del Asia Orientalen el desarrollo económico | |
| | | | nicaragüense: desde el punto de vista de la cooperación tecnológica (2010'2015) | |
| 2017.6 | 16 | 柯禮昂 | 新加坡與巴拿馬經濟發展模式之比較研究 | 美洲研究所亞太研究數位學習碩士在職專班 |
| | | Leonardo Enrique | Estudio comparativo ente el modelo de desarrollo económico de Singapur y el de Panamá | 宮國威、楊建平(西文) |
| | | Collado Trejos | | |
| 2017.6 | 17 | 巫宛真 | 葡萄酒文化與生意於西班牙和中華文化之比較研究(2017) | 西班牙語文學系碩士班: |
| | | Ema Wu | Cultura del vino y negocios:Comparación entre las culturas española y china | 白方濟、葉汐帆(西文 ) |
| 2018.6 | 18 | 陳珮妮 | 墨西哥賓堡集團(Grupo Bimbo)行銷策略與全球拓展之研究 | 拉丁美洲研究所碩士班 |
| | | Penny Chen | Research of Bimbo Group's Marketing Strategy and Global Expansion | 宮國威、黃富娟 |
| 2018.6 | 19 | 陳艾婕 | 以產業競爭力探討西班牙文化觀光業之發展與轉型 | 西班牙語文學系碩士班 |
| | | Chen, Ai-Chieh | Analysis of the Development and Transformation of Cultural Tourism in Spain from the | 陳雅鴻、黃富娟 |
| | | | point of view of Industrial Competitiveness | |
| 2019.1 | 20 | 塔尼亞 | 台灣中小企業出口發展經驗與其對厄瓜多之啟示 | 美洲研究所亞太研究數位學習碩士在職專班 |
| | | Tati Tenesaca Salazar | La experiencia de Taiwán en el desarrollo de PYMES exportadoras y sus lecciones para Ecuador | 宮國威、王秀琦(西文) |
| 2019.6 | 21 | 達蕾娜 | 台灣合作支援下尼加拉瓜食物生產債券社會計畫之經濟影響(2012-2017) | 美洲研究所亞太研究數位學習碩士在職專班 |
| | | Lerna Onosma Tapia | Impacto Económico del Programa Social Nicaragüemse Bono Productivo Alimentario bajo | 宮國威、王秀琦(西文) |
| | | Morales | apoyo de la Cooperación Taiwanesa durante el período 2012-2017 | |

| | | | | |
|---|---|---|---|---|
| 2012.6 | * | 熊佑容 | 巴拿馬運河歸還與巴美外交關係(1977-2011) | 美洲研究所拉丁美洲組碩士班 |
| | | Yu-Lung Hsiung | The Transfer of Panama Canal and Diplomatic Relation Between Panama and United States (1977-2011) | 何國世、黃任佑、指導教授王秀琦 |
| 2015.1 | * | 埃爾南 | 阿根廷與中國之間的 政經貿易關係(2002-2011)及其對與台灣貿易關係之影響 | 亞洲研究所數位學習碩士在職專班 |
| | | Carlos Hernan Buscemi | Las Relaciones Políticas Comerciales entre Argentina y China (2002'2011) y Su Impacto en las Relaciones Comerciales | 黃任佑、沈拉蒙、指導教授白方濟(西文) |
| | | | con Taiwán | |
| 2018.6 | * | 張宜萱 | 多明尼加觀光產業發展之研究--以推動運動觀光業為例 | 美洲研究所碩士班 |
| | | I-Hsuan Chang | Turismo Deportivo: un Subtipo para impulsar el Turismo en República Dominicana | 黃富娟、黃任佑、指導教授白方濟 |
| 2018.6 | * | 杜馬丁 | 台灣在阿根廷(數位)媒體之定位 | 美洲研究所亞太研究數位學習碩士在職專班 |
| | | Martín Dukart | El perfil de Taiwán en los medios digitales argentinos | 黃任佑、耿哲磊、指導教授白方濟(西文) |
| 2015.6 | * | 何秉樵 | 從「資源詛咒」角度審視委內瑞拉經濟發展(1970-2012) | 美洲研究所拉丁美洲組碩士班 |
| | | Bing-Qiao, He | The Economic Development of Venezuela: From the Point of View of Resource Curse (1970-2012) | 白方濟、黃任佑、*指導教授熊建成 |
| 2017.6 | * | 林建臺 | 從文化層面探討墨裔美人國族認同 | 美洲研究所碩士班 |
| | | Lin, Chien-Tai(Roberto) | Exploring the NationalIdentity of Mexican-Americans from the Cultural Perspective | 黃任佑、黃富娟、指導教授陳小雀 |
| 2020.1 | * | 潘雅各 | 2011-2018年間台灣文化對巴拉圭台灣獎學金畢業生之影響 | 美洲研究所亞太研究數位學習碩士在職專班 |
| | | Jacobo Daniel | Influencia De la Cultura Taiwanesa En Los Becarios Egresados En Universidades De La República | 黃富娟、黃任佑、指導教授陳小雀(西文) |
| | | Paniagua | De China (Taiwán) 2011-2018 | |
| 2020.1 | * | 羅珊娜 | 中華民國(台灣)在2008年至2016年期間對中美洲一體化體系的合作: 對中美洲 | 美洲研究所亞太研究數位學習碩士在職專班 |
| | | Roxana Beatriz | 一體化的貢獻 | 宮國威、黃任佑、*指導教授陳小雀(西文) |
| | | Rodríguez Castaneda | Cooperación otorgada por la República de China (Taiwán) al Sistema de la Integración | |
| | | | Centroamericana durante el periodo de 2008 al 2016: Aportes a la Integración de Centroamérica | |
| 2020.1 | * | 巴蕾亞 | 二十一世紀台灣民主制度系的性別平等：台灣女性參政及社會包容之評價 | 美洲研究所亞太研究數位學習碩士在職專班 |
| | | María Gloria Báez | La equidad de género en el Taiwán Democrático del siglo XXI: Una evaluación de la participación | 黃富娟、黃任佑、*指導教授陳小雀(西文) |
| | | Recalde | política y la inclusión social de las mujeres taiwanesas | |
| 2020.6 | * | 翁湘鈞 | 21世紀海運業發展中公私合作夥伴關係對巴西桑托斯港轉型影響 | 拉丁美洲研究所碩士班 |
| | | Hsiang-Chun Weng | The development of the maritime industry in the 21st century - Impact of Public-Private Partnership | 宮國威、黃任佑、*指導教授黃富娟 |
| | | | on Santos Port in Brazil | |
| 2018.1 | ** | 黃士耘 | 外資對拉美通訊產業之影響: 以華為公司對墨西哥投資為例 | 美洲研究所拉丁美洲組碩士班 |
| | | Huang, Shyh-Yun | Foreign direct investment influence on information and communication technology: case study of | *宮國威指導、王秀琦、楊建平、(**黃任佑教授子) |
| | | | Huawei investment in Mexico | |

# 附件三 恭錄經典名句

聖嚴法師：「布施的人有福，行善的人快樂。」
Master Sheng Yen: "The charitable are blessed; the virtuous, happy."
Maestro Sheng Yen: " Los que contribuyen sin ninguna pretensión son los afortunados; los que obran con bondad son los jubilosos."
（108 自在語 第一集 提昇人品 6 / 108 adages of wisdom（I）Becoming a Good Human Being 6 / 108 Aforismos dc Sabiduría（I）Por El Ascenso del Carácter 6）（*個人有幸參與本集西文版初譯工作）

聖經：「在一切事上，我都給你們做了榜樣：必須這樣地勞苦做工來扶助軟弱的人，並且要記住主耶穌自己說過的話：『施比受更加蒙福。』」又當記念主耶穌的話說：「施比受更爲有福。」（使徒行傳 20 章 35 節）
"...remembering the words the Lord Jesus himself said:
'It is more blessed to give than to receive.' "（Acts 20:35）
La Biblia de las Américas: " En todo os mostré que así, trabajando, debéis ayudar a los débiles, y recordar las palabras

del Señor Jesús, que dijo: ‘Más bienaventurado es dar que recibir.’ ”（Hechos 20:35）

# 附件四 拉丁美洲重要經貿國家及其與台灣經貿投資關係分析表

2012.5.25 製表

資料來源：經濟部投資業務處

※據經濟部投審會資料：累計至 2012.1 台商對中南美洲投資件數 405，金額 14.7 億美元；駐外單位統計 17 億美元(甚多在拉美投資係爲台商在海外資金轉投資)

拉丁美洲近三年經貿環境變化如坐雲霄飛車，大起大落，最大變因爲受制於外在經濟景氣；驅動其經濟成長動能爲出口與外資，快速成長產業爲原物料出口、來料加工裝配製造業〔電子電腦資通訊車輛及食品加工〕以及外貿與批發零售業。目前看好國家仍爲 ABC+MP，也是台灣往來較頻繁國家。主要爲原物料與工業用半成品進出口爲主；以往受大陸韓國產品影響，未來因區域整合關稅〔韓歐、韓美〕及後起東南亞產品之競爭，加上拓銷努力綜效不足，恐有更多困難。

未來仍看好此等經貿大國，但需政策較開放，產業能推動轉型升級與多元化，投資機會以運用當地原物料加工或 3C 產業來料裝配，需注意政治社會匯率風險。

| | 墨西哥 | 阿根廷 | 巴西 | 智利 | 哥倫比亞 | 秘魯 | 備註 |
|---|---|---|---|---|---|---|---|
| 人口 | 1億1232萬 | 4009萬 | 1億9325萬 | 1688萬 | 4596萬 | 2946萬 | |
| 國民所得US$ | 9676 | 8663 | 10,814 | 11,929 | 6273 | 5220 | |
| GDP(2010/11) | 5.5 | 9.2(8.4) | 7.5/2.9 | 6.1/6.0 | 4.3/5.9 | 8.78/6.92 | ()2010修 |
| 總出口(US億) | 2981 | 685 | 2019 | 674 | 398 | 350 | 億美元 |
| 總進口(US億) | 3014 | 564 | 1816 | 525 | 406 | 299 | 億美元 |
| 主要產業 | 石油、車輛、電子、 | 石油、化學、塑膠、 | 礦業、紡織、機械、 | 礦業、金融、製造業、 | 服務、農牧食品加工 | 礦業、紡織、漁業 | |
| | 電腦、機械、礦業 | 食品、菸草 | 車輛、紙類 | 個服、商業餐飲 | 紡織成衣、石油 | | |
| 對台出口US$ | 6億1822萬 | 2億625萬 | 29億9673萬 | 21億7008萬 | 1億8094萬 | 4億3737萬 | 2011 |
| 自台進口US$ | 15億3469萬 | 3億7866萬 | 23億5482萬 | 3億9801萬 | 4億69萬 | 3億5365萬 | 2011 |
| 台投資額US$ | 2億8700萬 | 1億5000萬 | 2億854萬 | 4億6000萬 | 303萬 | 5900萬 | |
| 台投資產業 | 電機、電子、電器、 | 農漁牧礦加工 | 資通訊、金屬加工、 | 能源合資、資通訊 | 石化、塑膠加工機械 | 貿易、初級產品加 | |
| | 電視、紡織、貿易 | | 批發零售、餐旅房產 | | 紡織業 | 工 | |
| 對中出口2010 | 68億8747萬 | 68億413萬 | 381億2538萬 | 179億5308萬 | 21億336萬 | 63億8490萬 | 2010 |
| 自中進口 | 178億7265萬 | 61億1576萬 | 244億6050萬 | 80億2463萬 | 38億1996萬 | 35億4967萬 | 2010 |
| 貿易夥伴(出口 | 美、加、中、巴西 | 巴西、中、美、智 | 中、美、阿根廷、荷 | 中、日、美、巴西、韓 | 美、歐、智利、中 | 中、瑞士、美、加 | |
| (進口) | 美、中、日、韓、德 | 巴西、美、中、德 | 美、中、阿根廷、德 | 美、中、阿、巴西、韓 | 美、中、墨、巴西 | 美、中、巴西、厄 | |
| 外資來源 | 美、西班牙、荷 | 西班牙、美、荷、智 | 盧森堡、荷、瑞士 | 加、日、澳、西班牙 | 美、巴拿馬、西班牙 | 西班牙、英、美 | |
| | 加、英、德、瑞士 | 巴西、德、盧森堡 | 美、法、奧、日、挪 | 美、墨、英 | 英、百慕達、加 | 荷、智、巴拿馬 | |
| 已投資台商 | 大同、佳世達、鴻海 | | 鴻海、精英、華碩 | 友訊科技、昆盈、 | | 鄧氏集團 | |
| (代表性) | 英業達、緯創、和碩 | | 微星、金橋、仁寶 | 長榮 | | (在拉美本地台商) | |
| | 寶成、毅嘉、台達電 | | 技嘉、宏碁、D-Link | | | 從事博奕業將轉投 | |
| | 年興、南緯、東元、 | | | | | 五星級旅館業 | |
| | 環隆電氣、友訊科技 | | | | | | |

## 以企業觀點試析如何經營我國與中美洲經貿關係

阿扁總統再訪中美洲友邦，又掀起一陣媒體報導熱潮，也再次點燃朝野政黨之論戰。如從企業經營者角度來看，或許可以給相關單位或論戰者一些思考空間，那麼未來或有利於我國與中美洲邦交國之互動。

在 Philip Kotler 等所著「國家行銷—厚植國家財富的策略性方針」(遠流出版)一書提到：國家的利益，亦即使命與目標，在維持長治久安、永續發展。而持續發展之基本政策，對台灣而言，主要為：吸引外資、發展產業及促進外貿。然而，台灣面臨的處境，負面因素包括：海島型經濟完全仰賴國外，僅加入 APEC 等少數鬆散之區域經貿組織、無國際突出品牌、少有領先全球之關鍵性技術、非國際環保標準制定者等。但台灣有經濟實力成為明日之星、以開放因應保護且已加入 WTO、易以 TAIWAN 打造唯一品牌、以研發策略性產業技術因應、有良性發展兩岸競合關係之契機，同時也以綠色文化科技島為國家發展目標。

儘管如此，就企業觀點而言，加強對外關係，恐需釐清國家定位(正名)，方有助於品牌行銷。在邦交國，面臨強大競爭者(中國)，如何作好市場區隔及顧客(友邦)關係管理，也是首要課題。如此，誠如阿扁總統在其「台灣之子」一書中所言目標管理、成長管理、走動管理、危機管理才有用武之地。否則，戰略錯誤，再多資源(政策工具)，亦於事無補。

就市場區隔而言，拉丁美洲各國可分為下列兩組及數小組：(一)邦交國 A 組—中美洲經濟統合銀行五會員國；(二) 邦交國 B 組—巴拿馬(大陸必爭之地)、多明尼加(加勒比海區邦交大國)、巴拉圭(南美唯一邦交國)；(三) 邦交國 C 組—貝里斯、海地及加勒比海諸小國。(四)非邦交國 A 組—中美洲經濟統合銀行區外會員國之墨西哥、阿根廷與哥倫比亞；(五) 非邦交國 B 組—APEC 會員墨西哥、智利與秘魯；(六) 非邦交國 C 組—石油與大宗原料豐富生產國之厄瓜多爾、委內瑞拉及巴西；(七) 非邦交國 D 組—無甚關聯小經濟體之烏拉圭與玻利維亞。

吾人進一步以 SWOT/PEST 分析雙台灣拉丁美洲之關係如下：(一)威脅面—政治上，礙於中國壓力，區內大國與台無邦交；經濟上，因地理遙遠及產業結構，相互依存度低；社會上，台灣定位及國名不清，拉美人民對台形象模糊；科技上，相互需求低，且乏政府支持及合作機制，幾不存在。(二)機會面—政治上，與中美洲經濟統合銀行五會員國、APEC 會員及自由貿易協定簽署國有新的合作利基；經濟上，台灣可分享其在經濟發展、中小企業輔導(包括新創事業與財務融資)、電子商務與網路行銷、以及產業發展之經驗；社會上，學術文化體育觀光均可加強交流(包括大學文憑認證) ；科技上，先進技術之生技與奈米運用、傳產之研發升級、新興知識服務業等均有合作空間。(三)優勢面—政治上，可著重在邦交國；經濟上，利用台灣對邦交國投資帶動及整合區內(中美洲及加勒比海)相互貿易及對歐美外銷；社會上，整合各部會涉外(邦交國)資源，強化台灣在區內之形象(可以台灣名之)；科技上，台灣科技研發體系優於拉美，可作技術轉移及策略聯盟。(四)弱勢面—政治上，雙邊政治不穩定，不利計畫長期且有系統的執行；經濟上，政治考量優於經濟層面，無企業之成本效益觀念與真正績效考核機制；社會上，媒體及雙方人民認識不足；科技上，台方可運用資源越來越少，邦交國亦受限，非邦交國不用說，非邦交小國更是杯水車薪。

以台灣之經濟規模及國力，衡諸所處之艱難環境，以越來越有限之資源，面對中國愈來愈強大之競爭優勢，欲有效經營與中美洲等友邦國家之關係誠非易事，故如何以企業觀念善爲之，並以福慧雙修之心理，從顧客需求去思考，如何讓施比受更有福，讓受者(包括朝野政府與人民)滿意且感動，那是需要施者(亦如受者之朝野政府與人民)更多的智慧與慈悲！願大家一起來思考與努力，而非漫罵與無建設性之口水戰。

撰稿人：黃任佑/淡江大學拉丁美洲研究所兼任助理教授

政策目標：如何加強與中南美洲國家之經貿關係

黃任佑提報 93.8.11

現況檢討：

一、邦交國—中美洲五國(中美洲經濟統合銀行會員：瓜、宏、尼、薩、哥)、巴拿馬、多明尼加、巴拉圭、海地、加勒比海諸小國

二、無邦交國

(一) 有關聯經濟體—1.中美洲經濟統合銀行(CABEI)區外會員：墨、阿、哥倫比亞；2.APEC 會員：墨ㄟ智、秘

(二) 無關聯經濟體—委內瑞拉、巴西(發展關係牽制中共)

(三) 小經濟體—厄瓜多(石油出口)、烏拉圭、玻利維亞

政策限制：

一、能投入資源有限，而且越來越少

二、資源掌握在外交部，駐外各單位統一事權協調不足

對策：

一、利用有限資源(包括外交部、國合會ㄟ輸出入銀行、華僑信貸基金)

二、整合經濟部屬下各單位及民間相關單位資源(工商團體、研發機構、半官方單位)

三、運用外在資源(國際組織 APEC、CABEI、OECD、WTO 及當地組織)

措施：

一、協助友邦規劃產業發展策略(含中小微企業)及技術合作(如食品衛生安全認證)，捐贈資本財(設立展售中心)帶動出口

二、簽署自由貿易協定以及利用雙邊策略聯盟及鼓勵台商投資帶動出口

三、透過 APEC 及 CABEI 等平台加強業界交流擴大商機

四、利用雙邊工商組織聯誼(姊妹會)互訪及建立網路交易平台(祕魯整場輸出西班牙文網站擴大應用).

五、整合國內資源提供低利或無息融貸予對方重要工商團體協助擴展商機

六、人力培養— 淡江、輔大、靜宜、文藻、貿協

(一) 研擬短中長期人力培訓方案

(二) 中南美經貿協會會員及有意拓展西語系國家之市場的大企業提供工讀實習機會

(三) 與中南美駐華單位座談(共同及個別)擬訂雙邊計劃

七、建立或運用現有機制形成網狀組織

(一) 了解駐外單位看法檢討現有之雙邊會議展覽參展貿訪團

(二) 各相關單位含國內個別國家文經學會

(三) 駐外單位及當地有關單位包括國合會之友會雙邊商會台商會華商會

# 後記：提昇台灣品質 建設拉美淨土

常夏合十

個人宗教信仰起於儒釋道合一家教，進入長榮高中接受基督教洗禮，並參加加拿大籍校牧帶領上山之畢業靈修，駐外服務期間也觀察及某種程度的涉入西語世界天主教徒生活方式。首次外放從西班牙返國後遷居中和，住處旁有提供靜坐課程之天帝教，並得知大一選修國際關係授課之李子弋老師在內所傳大道（20 字眞言）。

在工業局於台灣鞋業先驅劉瑞圖組長督導下，負責協助日用品工業（食衣住以外非電子機械類消費性產品製造及工業設計）。隨後再次外放赴祕魯前，因緣際會受邀在三重一貫道某壇教道親西語，隨後將傳道種子帶至拉美，迄今散播在中南美洲已近 27 年。在利馬期間發揮慈悲心，也因工作需要，協助慈濟志工加上祕魯台商贊助，賑濟物資醫護蓋屋布施 Chiclayo 省內地聖嬰現象災民；原有機緣成爲慈誠志工，惜 921 大地震赴花蓮慈濟醫院健檢未能如願。

2003 年從宏都拉斯調返國內，緣起報名法鼓山農禪寺一日靜坐禪修，因緣殊勝皈依聖嚴師父，法名常夏（2004 年 10 月 17 日），此後對漢傳佛教漸能知行合一，發願每年春節回寺隨喜，本年起改爲每月小額護持三寶至緣滅。

去年陪家裡老菩薩赴長榮母校捐贈 10 年獎學金（蒙蔡前校長忠雄老師、現任許德勝校長及校牧蘇重仁老師接待）；長子在慈濟大學取得免疫學相關碩士學位，且持續於該校攻讀健康管理學科博士，希近完成階段。

個人未來除西語專業知識擬整理出書外，有關宗教信仰修行所得，期未來亦能追隨星雲大師之「人間佛教」理念、釋證嚴上人推動「爲佛教、爲衆生」四大志業之信念，對法鼓山創辦人聖嚴師父（Master Sheng Yen 1930-2009）所倡導「提昇人的品質，建設人間淨土」之思想理念，化爲「提昇台灣品質、建設拉美淨土」心得分享！

國家圖書館出版品預行編目資料

台灣發展與對外連結——拉丁美洲政經情勢解析／黃任佑著. --初版. --臺中市：白象文化事業有限公司，2023.7
面； 公分
ISBN 978-626-364-029-0（平裝）
1.CST：臺灣經濟 2.CST：政治經濟分析
3.CST：拉丁美洲
552.33 112006414

# 台灣發展與對外連結
# 拉丁美洲政經情勢解析

作　　者　黃任佑
校　　對　黃任佑、黃士耘、黃士耕
發 行 人　張輝潭
出版發行　白象文化事業有限公司
412台中市大里區科技路1號8樓之2（台中軟體園區）
出版專線：（04）2496-5995　傳真：（04）2496-9901
401台中市東區和平街228巷44號（經銷部）
購書專線：（04）2220-8589　傳真：（04）2220-8505
專案主編　林榮威
出版編印　林榮威、陳逸儒、黃麗穎、水邊、陳媁婷、李婕
設計創意　張禮南、何佳諠
經紀企劃　張輝潭、徐錦淳
經銷推廣　李莉吟、莊博亞、劉育姍、林政泓
行銷宣傳　黃姿虹、沈若瑜
營運管理　林金郎、曾千熏
印　　刷　普羅文化股份有限公司
初版一刷　2023 年 7 月
定　　價　200 元

缺頁或破損請寄回更換
本書內容不代表出版單位立場，版權歸作者所有，內容權責由作者自負

印書小舖 PressStore
出版 · 經銷 · 宣傳 · 設計
自費出版的領導者
購書 白象文化生活館